우리 몸의 건강 지킴이

초판 1쇄 인쇄 2023년 5월 30일
초판 1쇄 발행 2023년 6월 10일

**지은이** 신지현·양연조
**그린이** 김순영
**펴낸곳** 대림출판미디어
**펴낸이** 유영일
**마케팅** 신진섭
**등록** 제2021-000005호
**주소** 서울시 영등포구 대림로34다길 16, 다청림 101동 301호
**전화** 02-843-9465
**팩스** 02-6455-9495
**E-mail** yyi73@naver.com
**Tistory** https://dae9495.tistory.com

ISBN  979-11-92813-07-3  74900
      979-11-975080-0-4 (세트)

※ 값은 뒤표지에 있습니다.
※ 잘못된 책은 바꾸어 드립니다.

우리 몸의 건강 지킴이

# 모두의 영양소

신지현 · 양연조 글 | 김순영 그림

대림아이

머리말

## 우리 몸에 꼭 필요한 5대 영양소

여러분, 자동차가 움직이려면 무엇이 필요할까요? 휘발유나 가스, 전기가 필요하겠죠? 그렇다면 우리 몸이 움직이려면 무엇이 필요할까요? 바로 영양소예요. 휘발유나 가스, 전기가 없으면 자동차가 굴러갈 수 없는 것처럼 우리 몸도 영양소가 없다면 제대로 움직이거나 힘을 쓸 수 없어요. 이처럼 영양소는 우리 몸을 만드는 재료이자, 몸이 잘 움직이도록 하는 물질들이에요.

만약 우리 몸에 영양소가 제대로 공급되지 않는다면 어떻게 될까요? 뼈와 근육을 만들 재료가 부족해져서 몸이 약해지거나, 팔다리에 힘이 빠져서 힘껏 달릴 수 없어요. 그렇기 때문에 건강한 생활을 하기 위해서는 영양소가 들어 있는 음식들을 골고루 먹어야 해요.

영양소는 우리가 자라면서 키가 크고 골격이 커지는 데에도 꼭 필요해요. 특히 이 책을 읽고 있는 여러분과 같은 성장기의 어린이라면 영양소를 골고루 섭취하는 것이 더더욱 중요하답니다.

"편식하지 말고 골고루 먹어야지."

밥을 먹을 때마다 부모님에게 이런 말을 듣는 친구가 있을까요? 남기지 말라는 엄마의 잔소리가 너무 지겹다고요? 하지만 여러분이 건강하게 뛰놀고 쑥쑥 자라길 바라는 부모님의 사랑이 담긴 말이라는 걸 꼭 알아주면 좋겠어요.

영양소는 한 가지 종류만 있는 것이 아니에요. 정말 다양한 종류의 영양소가 있답니다. 그중에서도 우리가 살아가는 데 꼭 필요한 영양소는 다섯 가지로 꼽을 수 있어요. 이 책에서는 그 다섯 가지 영양소에 대해 살펴볼 거예요. 각각의 영양소가 왜 우리 몸에 필요한지 배우고 바른 식습관을 갖춘 어린이 여러분이 되길 바랍니다.

신지현·양연조

## 차례

머리말 · 4

### 1장 영양소란 무엇일까요?

음식을 왜 먹어야 할까요? · 12
우리 몸을 꽉 채우는 5대 영양소와 물 · 16

### 2장 대표 에너지원 탄수화물

밥을 먹으면 힘이 나요 · 22
탄수화물에 중독된다고요? · 28
설탕만 먹으면 안 될까요? · 32
착한 탄수화물이 있다고요? · 35

## 3장 우리 몸을 이루는 단백질

단백질은 무엇으로 이루어졌을까요? · 40

단백질이 하는 일은 뭘까요? · 44

단백질은 무조건 많이? · 47

단백질이 질병을 일으킨다고요? · 50

우유와 두유, 무엇이 더 좋을까요? · 53

## 4장 우리 몸을 지켜 주는 지방

지방은 억울해! · 58

쿠션처럼 몸을 안전하게 지켜 주는 지방 · 61

우리 몸의 방해꾼, 트랜스 지방 · 65

우리 몸에 꼭 필요한 필수 지방산 · 70

## 5장 적은 양이어도 꼭 필요한 무기질

무기질이 하는 일 · 74

무기질이 과하거나 부족하면? · 80

녹색 채소에서 찾은 무기질 · 83

## 6장 과일에 풍부하게 들어 있는 비타민

비타민이 하는 일 · 88

무시무시한 비타민 결핍증 · 92

과일에서 찾은 비타민 · 95

알록달록 오색 채소와 과일 · 98

## 7장 물, 왜 중요할까요?

물이 하는 일 · 104
우리 몸에 물이 부족하면? · 107
이렇게 물을 마시는 건 좋지 않아요 · 111
물을 마시기 좋은 시간이 있다고요? · 115

## 8장 건강하고 슬기롭게 먹어요

비만이 무서워요 · 120
골고루 먹어요 · 123
식품 첨가물이 뭐예요? · 127
과자 봉지에 담긴 비밀 · 130

# 1장

## 영양소란 무엇일까요?

## 음식을 왜 먹어야 할까요?

'꼬르륵꼬르륵!'

4교시가 되면 어김없이 배꼽시계가 울려요. 약속이나 한 듯이 여기저기에서 꼬르륵 소리가 진동을 하지요. 신기하죠? 점심시간만 되면 시계를 볼 필요도 없이 우리 몸이 밥 먹을 시간을 알려 주니까요. 여러분도 이런 경험이 있나요? 만약 배꼽시계가 울릴 때 밥을 먹지 않으면 어떻게 될까요?

"배가 고파서 힘을 쓸 수 없어요."

"수업 시간에 집중을 할 수 없어요."

맞아요. 배가 고파서 수업에 집중하기도 어렵고, 힘이 없어서 친구들과 뛰놀기도 힘들지요. 아침은 참을 수 있겠지만 점심도 굶고 저녁도 굶으면 어떨까요? 어지러워서 쓰러질지도 몰라요.

사람이 음식을 먹지 않은 채로 과연 며칠을 살 수 있을까요? 일주일? 한 달? 사람마다 조금씩 다르겠지만 보통 15일 정도를 버틸 수 있다고 해요. 15일 넘게 음식을 먹지 못하면 더는 살기 힘들 정도로 건강이 매우 나빠져요. 이처럼 우리가 살아가기 위해서는 음식이 꼭 필요해요.

음식에는 영양소라는 것이 있어요. 음식마다 다른 영양소가 들어 있기 때문에 골고루 먹어야 해요. 어떤 영양소는 머리카락을 만들고, 어떤 영양소는 몸을 움직이는 힘인 '에너지'를 준답니다.

그렇다면 어떤 음식에 얼마만큼의 에너지가 있는지도 알 수 있을까요? 에너지의 양을 알려 주는 단위가 바로 '칼로리'예요. 과자나 빵과 같은 모든 식품에는 저마다 칼로리가 있어요. 칼로리 단위 앞에 쓰인 숫자가 클수록 에너지가 많이 있는 것이랍니다.

"칼로리가 높으면 에너지를 많이 얻을 수 있으니 좋은 거네요?"

언뜻 생각하면 그럴 것 같지만 무조건 칼로리가 높은 음식을 먹는 것은 건강에 좋지 않아요. 또 사람마다 필요한 에너지의 양이 다르겠죠? 어른은 몸이 큰 만큼 에너지가 많이 필요하고, 아이는 그보다 적게 필요해요. 나에게 필요한 에너지만큼 음식을 먹는 것이 좋답니다.

또 한 가지, 우리가 맛있게 먹은 음식이 몸속으로 들어가면 어디로 갈까요? 먹은 음식은 식도를 거쳐 위로 내려가고, 위에서 죽처럼 분해돼요. 분해된 음식물은 소장과 대장을 거치면서 필요한 영양분은 몸에 흡수되고 남은 찌꺼기는 대변이 되어 몸 밖으로 나간답니다. 좀 더 자세히 알아볼까요?

먼저 음식이 입으로 들어가면 이로 부지런히 씹어서 음식을 작게 부숴야 해요. 이때 나오는 침이 음식을 씹고 삼키는 걸 도와줘요. 음식을 대충 씹어 삼켜서는 안 돼요. 음식이 작아져야 소화가 잘되니까요. 침과 섞인 음식물은 식도를 지나 위로 이동해요. 위는 음식물이 들어오면 소화액을 내보내 음식물을 죽처럼 만들지요.

위에서 죽처럼 변한 음식물은 천천히 소장으로 내려가요. 소장에서는 간이나 췌장에서 만든 소화액으로 음식물을 더욱 작게 만들어요. 음식물이 충분히 작아졌다면 소장에 나 있는 융털이 음식물 속에서 영양분을 빨아들일 수 있어요.

필요 없는 것들은 어떻게 되냐고요? 소화하고 남은 찌꺼기는 대장으로 내려가요. 대장에서는 찌꺼기 속에 든 물을 흡수해요. 만약 대장이 물을 흡수하지 않으면 우리는 설사를 하게 될 거예요. 이렇게 음식물에서 영양분과 물을 모두 흡수해야 건강한 똥이 되어 몸 밖으로 나와요. 음식물이 입으로 들어가서 몸 밖으로 나오기까지는 24시간 정도가 걸려요. 꼬박 하루가 걸린다니 놀랍지 않나요?

## 우리 몸을 꽉 채우는 5대 영양소와 물

"가끔 눈 밑이 바들바들 떨려요."

"학교에 오면 아침부터 피곤하고 몸에 힘이 없어요."

여러분도 이런 경험이 있나요? 왜 우리 몸에 이런 일이 일어나는 걸까요? 바로 몸이 정상적으로 움직이는 데 필요한 영양소가 부족해서 그런 것이에요.

우리 몸에 필요한 영양소는 아주 많지만 그중 가장 중요한 영양소를 5대 영양소라고 해요. 탄수화물, 지방, 단백질, 무기질, 비타민이 바로 5대 영양소이지요. 이 중 탄수화물, 단백질, 지방은 우리 몸에 필요한 에너지를 만든답니다.

5대 영양소 중 첫 번째로 살펴볼 영양소는 탄수화물이에요. 탄수화물이 들어 있는 음식 하면 빼놓을 수 없는 게 바로 우리가 매일 먹는 밥이에요. 탄수화물은 몸에서 힘이 나게 해요. 또 집중력과 기억력을 강하게 해서 우리가 공부를 잘할 수 있도록 도와주지요. 그래서 수업 시간에 집중을 잘하기 위해서는 아침밥을 꼭 먹고 등교해야 해요.

5대 영양소 중 두 번째는 단백질이에요. 고기, 콩, 우유에 많이 들어 있는 단백질은 머리카락이나 근육 등 우리 몸을 만드는 중요한 재료예요. 또 병에 걸리지 않게 하는 면역체를 만들기도 해서 단백질이 부족하면 건강이 나빠질 수 있어요.

5대 영양소 중 세 번째는 지방이에요. 버터나 기름진 고기에 많이 들어 있는 지방은 쿠션처럼 몸속의 장기를 보호해요. 또 체온을 유지하게 하고 우리가 성장하는 데에도 필요하지요. 하지만 너무 많은 지방은 몸에 좋지 않아요. 몸속에 지방이 늘어나면 혈액 순환이 잘 안 되고 비만이 될 수 있답니다.

5대 영양소 중 네 번째는 무기질이에요. 탄수화물, 단백질, 지방은 들어 보았어도 무기질은 처음 듣는 친구들이 있을 거예요. 무기질은 치아와 뼈, 각종 호르몬의 재료이자 건강한 피를 만드는 데 중요한 역할을 해요. 무기질은 우리 몸에서 만들 수 없기 때문에 반드시 음식으로 얻어야 한답니다. 칼슘, 철, 나트륨(소듐) 등의

무기질은 녹색 채소, 우유, 치즈, 해조류에 많이 들어 있어요.

　5대 영양소 중 다섯 번째는 비타민이에요. 음식으로 섭취한 영양소를 몸에서 잘 사용할 수 있게 하는 성분이 바로 비타민이에요. 우리 몸을 직접적으로 구성하지는 않지만, 피로를 회복하거나 상처에서 피를 멎게 하는 등 살아가는 데 꼭 필요한 필수 영양소랍니다.

　마지막으로 5대 영양소에는 포함되지 않지만 우리 몸에 꼭 필요한 물이 있어요. 우리 몸의 약 3분의 2는 물로 되어 있답니다. 필요한 물의 양 중 10퍼센트만 부족해도 목숨이 위험하다고 해요. 물은 몸 곳곳에 영양소와 산소를 운반하고, 체온을 조절하거나 몸의 형태를 유지하는 등의 역할을 해요. 우리 몸에서 차지하는 부분이 큰 만큼 물은 아주 중요하답니다.

# 2장

## 대표 에너지원
## 탄수화물

## 밥을 먹으면 힘이 나요

"운동을 열심히 했더니 배가 고파졌어요!"

"공부를 오래 하면 힘이 들어요."

우리 친구들이 맨날 하는 이야기죠? 책을 읽거나 공부하기 싫어서 하는 핑계인 것 같다고요? 놀랍게도 모두 사실이랍니다! 그 비밀은 영양소에 숨어 있지요.

열심히 달리기를 하거나 공부를 하고, 심지어는 눈을 뜨고 숨을 쉬는 모든 행동에 필요한 것이 바로 '에너지'예요. 이 에너지는 어디에서 올까요? 바로 각종 음식에 있는 영양소랍니다. 우리 몸에 에너지를 주는 영양소는 탄수화물, 단백질, 지방뿐이에요. 그 중 가장 많은 에너지를 주는 영양소는 바로 탄수화물이지요.

탄수화물은 어떤 음식에 많이 들어 있을까요? 탄수화물은 우리 주변에서 찾기 쉬운 영양소예요. 쌀, 밀, 감자, 고구마, 설탕 등에 많이 있지요. 그래서 우리 밥상에는 쌀로 만든 밥이나 밀가루로 만든 빵과 면이 빠지지 않는 것이랍니다. 열심히 공부하거나 신나게 놀다가 배가 고파질 즈음 간식을 찾았던 적이 있나요? 그때 먹었던 빵이나 떡볶이, 과자 등에도 에너지를 가득 주는 탄수화물이 있었답니다.

고구마, 과자, 사탕, 빵…… 이 음식들의 공통점이 무엇일까요? 기억을 잘 떠올려 보세요. 모두 어떤 맛이 나나요? 바로 단맛이에요. 심지어 쌀로 만든 밥도 천천히 꼭꼭 씹어 보면 단맛이 느껴진답니다. 이렇게 탄수화물이 들어 있는 대부분의 음식은 단맛이 나요. 탄수화물은 단맛이 나는 당이라는 성분으로 이루어져 있기 때문이에요. 소화 과정을 통해 탄수화물은 당으로 바뀌어야 비로소 우리 몸에 흡수될 수 있답니다.

당에는 여러 가지 종류가 있는데, 먼저 '포도당'을 소개할게요. 포도당은 탄수화물 중에서 가장 간단한 구조라 우리 몸에 빠르게 흡수된답니다. '과당'이라는 당도 있어요. 포도, 사과, 바나나 같은 과일에서는 단맛이 느껴지죠? 과일에 들어 있는 과당 때문이랍니다. 과당도 포도당처럼 간단한 구조라 흡수가 빨라요. 마지

막으로 소개할 당은 '설탕'이에요. 설탕이 탄수화물이라니 놀랍지 않나요? 설탕은 포도당과 과당이 합쳐져 만들어진답니다. 그래서 포도당이나 과당보다는 조금 더 복잡한 구조이지요.

이제 탄수화물이 무엇인지 잘 알겠나요? 우리의 지친 몸과 뇌에 힘을 주고, 단맛 나는 당이 들어 있는 영양소랍니다.

그렇다면 이제 탄수화물이 어떤 일을 하는지, 그리고 우리 몸속에서 어떻게 일을 하는지 알아볼까요?

앞에서 탄수화물은 우리 몸에 필요한 에너지를 가장 많이 제공한다고 했지요? 심지어 얻은 에너지를 가장 빠르게 사용할 수 있는 영양소이기도 해요. 그래서 운동할 때 초코바라든지 바나나 같은 탄수화물 음식을 먹는 사람이 많은 거랍니다. 또 공부할 때 초콜릿이나 사탕을 먹는 것도 머리에 빠르게 에너지를 주기 위함이에요.

밥이나 간식을 먹은 후에 기분이 좋아진 적이 있나요? 단순히 음식이 맛있어서 기분이 좋아졌을 수도 있지만 탄수화물의 힘이기도 해요. 탄수화물은 기분이 좋아지게 하는 호르몬을 만들 때 필요하거든요.

우리 몸에서 에너지를 가장 많이 사용하는 곳은 어디일까요?

우리가 활동할 수 있게 하는 근육이나 다른 신체 부위에서도 에너지를 많이 사용하지만 특히 '뇌'에서도 에너지가 많이 필요해요. 생각을 하고, 책을 읽고, 공부를 하고, 문제를 푸는 일들 말고도 뇌는 보이지 않는 데에서 많은 일을 하고 있답니다.

손으로 물건을 잡고 싶을 때 우리 몸에서는 어떤 일이 일어날까요? 먼저 머릿속에서 물건을 잡아야겠다는 생각을 하겠죠. 그다음 뇌에서 손이 움직이도록 명령을 내려요. 명령을 받은 손은 근육을 움직여 물건을 잡아요.

이렇게 우리 눈에 보이지는 않지만 뇌에서는 우리 몸 곳곳에 명령을 내리는 일을 하고 있답니다. 심지어 숨을 쉬고 눈을 깜빡이는 것처럼 우리가 살기 위해서 꼭 필요한 행동들은 생각하지 않고도 할 수 있게 모두 뇌에서 관리하고 있지요.

학교에서 열심히 공부하고 책을 통해 새롭게 알게 된 지식은 어디로 가는 걸까요? 우리 머릿속에 저장되어 있겠지요? 이 정보들은 우리가 자는 동안 뇌에서 기록하고 정리하여 오래오래 기억할 수 있게 한답니다.

뇌가 이렇게나 쉬지 않고 많은 일을 하고 있다니 신기할 거예요. 이제 왜 뇌에서 많은 에너지를 사용하고 있는지 이해되지요?

뇌에 필요한 에너지를 제공하는 것도 탄수화물이 하는 일이에요. 뇌는 에너지로 탄수화물의 한 종류인 포도당만 사용하기 때문이지요. 탄수화물은 우리 몸속에 들어온 뒤 소화 작용을 통해 포도당이 되어 흡수된다고 했지요? 이렇게 흡수된 포도당은 혈액을 타고 뇌와 몸 곳곳을 이동하며 에너지를 온몸에 전달해 준답니다.

## 탄수화물에 중독된다고요?

　우리 몸이 많은 에너지를 낼 수 있게 밥을 많이 먹겠다는 친구들이 있을까요? 먹는 걸 좋아하는 친구들은 분명히 반길 만한 이야기네요. 물론 우리 몸이 제대로 움직이기 위해서는 탄수화물을 꼭 먹어야 하지만, 너무 많이 먹으면 오히려 건강을 해칠 수 있답니다.

　먼저 탄수화물을 너무 많이 먹으면 쉽게 살이 찔 수 있어요. 몸에 필요한 양보다 탄수화물을 더 많이 섭취하면 남는 양이 생기겠지요? 우리 몸은 이렇게 남는 탄수화물을 지방으로 바꾸어 저장한답니다. 몸속에 지방이 많이 쌓이면 비만이 되고, 고혈압이나 고지혈증과 같은 성인병에 걸릴 수도 있어요.

　혹시 탄수화물에 중독된다는 이야기를 들어 본 적이 있나요? 게임도 아니고 음식에 중독된다니 조금 이상하게 느껴질 수도 있

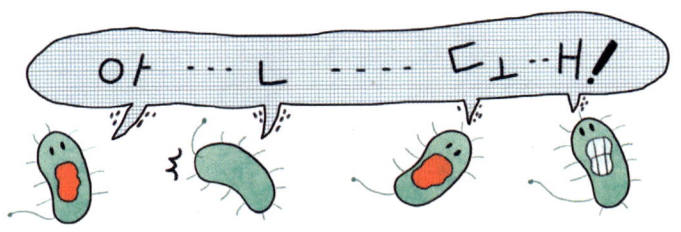

겠지요. 하지만 게임 중독처럼 탄수화물 중독도 위험하답니다. 혹시 밥을 먹기 전에 심하게 머리가 아프거나 어지럽고, 신경이 예민해진 적이 있나요? 배불리 밥을 다 먹고도 아이스크림이나 과자 같은 단 간식을 계속 찾은 적은요? 끊임없이 탄수화물을 찾고, 탄수화물에 지나치게 의존하는 것을 탄수화물 중독이라고 해요.

방금 밥을 먹었는데도 곧바로 케이크가 먹고 싶다거나 빵이나 단 과자가 자꾸 먹고 싶고, 이런 마음이 절제가 안 된다면 탄수화물 중독이에요. 달달한 초콜릿, 크림, 빵 등을 먹으면 뇌가 자극을 받아 호르몬을 분비하는데, 이 호르몬이 만족감과 행복감을 주기 때문에 중독성을 일으키는 것이지요.

우리 몸속에 탄수화물이 너무 많으면 당뇨라는 병에 걸릴 수도 있어요. 당뇨는 소변에 당분이 많이 섞여 나오는 병이에요. 우리 몸속에서 포도당은 혈액을 타고 이동한다고 했지요? 혈액 속 포도당의 양을 조절하는 '인슐린'이라는 성분이 있어요. 그런데 탄

수화물을 너무 많이 먹게 되면 인슐린이 포도당의 양을 조절하기 어려워지고, 결국 당뇨병에 걸릴 수 있답니다.

반대로 우리 몸에 탄수화물이 너무 적으면 어떻게 될까요? 아마 여러분 모두 배가 너무 고파서 힘이 없던 경험이 있을 거예요. 탄수화물을 적게 먹으면 에너지가 부족해져 기운이 없어지고, 머리가 아프기도 하답니다. 또 부족한 에너지를 채우기 위해 근육 속 단백질을 꺼내어 사용하면서 근육이 줄어들기도 해요.

탄수화물이 많아도 문제, 적어도 문제라 걱정이라고요? 너무 걱정하지 마세요. 올바른 식습관을 갖는다면 적당한 양의 탄수화물을 섭취할 수 있으니까요.

### 탄수화물 중독 체크 리스트

- 배불리 먹어도 금세 배가 고프다. (O, X)
- 야식을 습관적으로 먹는다. (O, X)
- 쉽게 짜증이 난다. (O, X)
- 주 3~4회 이상 밀가루 음식을 주식으로 먹는다. (O, X)
- 식사 후 나른하고 졸음이 쏟아진다. (O, X)
- 스트레스를 받으면 단것이 먹고 싶다. (O, X)
- 식사 후 단맛 나는 후식을 더 먹는다. (O, X)

## 설탕만 먹으면 안 될까요?

 탄수화물은 얼마만큼의 에너지를 낼 수 있을까요? 에너지의 양을 '열량'이라고 하고, 단위는 '칼로리(kcal)'로 나타내요. 탄수화물은 1그램에 약 4칼로리의 에너지를 낼 수 있어요. 쌀밥 한 공기를 먹으면 약 300칼로리의 에너지를 얻을 수 있답니다.

 그렇다면 탄수화물 종류 중 하나인 설탕은 에너지를 얼마만큼 낼까요? 쌀밥 한 공기만큼의 설탕을 먹는다면 약 800칼로리의 에너지를 낼 수 있어요. 쌀밥의 두 배가 넘는 에너지를 낼 수 있죠!

 설탕은 우리가 아는 음식에 많이 들어 있어요. 아이스크림, 과자, 사탕, 음료수, 시리얼 등 우리가 간식으로 많이 먹는 음식에도 들어 있고, 단맛이 나는 각종 양념에도 들어 있어요.

 맛도 좋고 에너지도 많이 낼 수 있다니 평생 이런 음식만 먹을 수 있다면 좋겠지요? 하지만 안타깝게도 그럴 수 없는 이유가 있어요. 먼저 설탕이 많이 들어간 음식은 열량이 높아요. 에너지로 쓰이고 남은 탄수화물은 몸속에서 지방으로 바뀌어 저장된다고 했지요? 설탕이 많이 들어간 음식을 너무 많이 먹으면 당이 지방으로 변해 차곡차곡 몸속에 쌓여 비만이 되기 쉬워요.

또 설탕이 많이 들어간 음식을 먹으면 혈당이 갑자기 높아져요. 혈당이란 혈액 속에 들어 있는 포도당을 말해요. 몸 곳곳에 에너지를 잘 전달하도록 혈당을 조절하는 것이 바로 인슐린인데, 설탕이 많은 음식을 먹으면 인슐린이 당을 다 분해하지 못하여 혈액 속에 당이 많아진답니다. 혈액 속 포도당을 조절하기 어려워

지면 당뇨병이나 다른 합병증에 걸릴 수 있어요.

무서운 병들에 걸릴 수도 있다니, 설탕이 들어간 음식들을 먹는다는 게 무서워지죠? 하지만 설탕도 중요한 역할을 한답니다. 등산을 하거나 수영을 하는 등 갑자기 많은 에너지를 사용하면 우리 몸은 급하게 에너지가 필요해요. 이럴 때에 설탕이 들어간 음식이 빠르게 에너지를 보충해 줄 수 있어요. 따라서 적당한 양의 설탕을 먹는 게 중요하답니다.

## 착한 탄수화물이 있다고요?

　설탕이 우리 몸속에 빠르게 흡수되는 탄수화물이라면, 반대로 천천히 흡수되는 착한 탄수화물도 있어요. 바로 '녹말'이라는 탄수화물이에요. 녹말이 들어 있는 음식은 설탕보다 느린 속도로 몸에 흡수된답니다. 그리고 다른 탄수화물보다 더 오랫동안 에너지를 줄 수 있어요. 밥, 빵, 국수 그리고 감자와 고구마 등이 녹말이 든 대표적인 음식이에요.

　또 다른 착한 탄수화물로는 '식이 섬유'가 있어요. 식이 섬유는 탄수화물의 한 종류예요. 하지만 다른 탄수화물과는 달리 조금 특별한 역할을 하지요.

　탄수화물은 주로 우리 몸에 에너지를 공급하는 일을 하지만 식이 섬유는 에너지를 갖고 있지 않아요. 우리 몸속에서 소화되거

나 흡수되지도 않는답니다.

식이 섬유는 에너지를 내지 않는 대신 음식이 소화되는 것을 도와요. 우리가 먹은 음식이 몸속에서 소화되면서 이동할 때 식이 섬유는 이 음식물이 막히지 않고 잘 이동할 수 있도록 도와요. 또 몸속에서 소화되지 않기 때문에 음식이 위에 머무르는 시간을 늘려 주어 배부른 느낌, 즉 포만감을 준답니다. 그렇게 되면 음식을 먹고 싶다는 생각이 줄어들어 비만을 막을 수 있겠지요?

식이 섬유는 쌀이나 옥수수 같은 곡류나 과일과 채소 등에 많이 들어 있어요. 그리고 흰 쌀밥보다는 현미밥이나 잡곡밥에 더 많이 들어 있어서 다이어트를 하는 사람들이 많이 찾지요.

혹시 변비로 고생하는 친구들이 있나요? 그렇다면 평소에 과일이나 채소를 적게 먹고 있지는 않은지 한번 생각해 보세요. 식이 섬유가 들어간 음식을 잘 먹으면 금방 건강한 똥을 만나게 될 거예요! 다만, 어린이는 식이 섬유가 든 음식을 지나치게 많이 먹으면 소화가 잘 안 될 수 있으니 적당히 먹어야 해요.

**이름** 탄수화물

**하는 일**
- 가장 큰 에너지원이에요.
- 뇌에 에너지를 공급해요.

### 부족할 때
- 기운이 없어요.
- 머리가 아파요.
- 근육이 줄어들어요.

### 많을 때
- 쉽게 살이 쪄요.
- 탄수화물에 중독돼요.
- 각종 성인병과 당뇨병에 걸릴 위험이 있어요.

**탄수화물이 들어 있는 음식들**

쌀, 고구마, 감자, 빵, 옥수수 등

# 3장

## 우리 몸을 이루는
## 단백질

# 단백질은 무엇으로 이루어졌을까요?

"쑥쑥 키가 크고 싶어요!"

"불끈불끈 힘을 내고 싶어요!"

여러분은 단백질이 무엇인지 알고 있나요? 쑥쑥 키를 자라게 하고 불끈불끈 힘이 나게 하는 영양소가 바로 단백질이에요. 단백질은 우리가 무럭무럭 성장하는 데 꼭 필요한 영양소이지요. 우리 몸에 꼭 필요한 5대 영양소 중 그 두 번째, 단백질에 대해 좀 더 자세히 알아볼까요?

흔히 사람들은 몸의 근육을 만드는 데만 단백질이 필요하다고 생각하곤 해요. 하지만 우리 몸에서 물 다음으로 가장 많은 양을 차지하는 부분이 바로 단백질이라는 사실, 알고 있나요? 단백질은 우리 몸을 구성하는 가장 중요한 영양소예요. 여러 가지 몸속

기관과 근육, 세포, 피부, 손톱, 발톱 등 몸의 대부분을 만들 때 필요한 게 바로 단백질이니까요.

그럼 단백질은 무엇으로 이루어져 있을까요? 단백질을 구성하는 물질은 '아미노산'이에요. 아미노산은 단백질을 구성하는 기본 단위예요. 쉽게 말해 아미노산이 결합해서 단백질이 만들어지는 것이죠. 아미노산이 어떻게 결합하는지에 따라 단백질의 종류가 달라져요. 대부분의 단백질은 100개 이상의 아미노산으로 이루어져 있어요.

세상에는 100개가 넘는 천연 아미노산이 있어요. 그중 스물한 가지의 아미노산이 생물의 몸에 공통으로 존재하며, 단백질 합성에 이용되고 있어요. 그런데 스물한 가지 아미노산 중 아홉 가지는 우리 몸에서 만들어지지 않고 음식으로만 섭취할 수 있어요. 이것을 바로 '필수 아미노산'이라고 해요. 필수 아미노산을 섭취하기 위해서 우리는 음식을 골고루 먹어야 해요.

그렇다면 단백질은 우리 몸 어디에서 사용될까요? 우리가 책을 읽거나, 움직이고 활동할 때만 사용되는 것일까요? 사실 단백질은 여러분이 잠을 자는 동안에도 계속 사용된답니다.

성장 호르몬에 대해 혹시 들어 본 적 있나요? 성장기에 키가

크기 위해서는 성장 호르몬이 꼭 필요해요. 잠을 자는 동안 뇌에서는 단백질을 이용해 성장 호르몬을 만들어요. 이렇게 만들어진 성장 호르몬은 우리 몸의 뼈와 다른 조직들이 자라도록 도와요. 그래서 성장기에 여러분의 키가 쑥쑥 크는 것이지요.

  여기서 여러분에게 소중한 정보가 될 수 있는 중요한 사실 하나를 알려 드릴게요. 성장 호르몬은 보통 밤 10시부터 새벽 2시 사이에 많이 분비된다고 해요. 밤 10시 전에 잠을 자야 우리 몸에서 단백질을 잘 흡수해서 성장 호르몬을 만들 수 있다는 말이에요. 부모님이 일찍 자라고 귀에 못이 박히도록 이야기하는 이유도 바로 이 때문이죠. 늦게 잠들기보다는 일찍 잠드는 습관을 기른다면, 잠자는 동안 여러분의 키가 쑥쑥 자랄 거예요.

# 단백질이 하는 일은 뭘까요?

　단백질은 우리가 무럭무럭 자라 어른이 되게 도와줘요. 뼈와 근육을 키우고 피부와 털이 자라게 한답니다. 단백질이 하는 일을 좀 더 자세하게 살펴볼까요?

　첫 번째로 단백질은 우리 몸이 비실대지 않고 힘차게 활동할 수 있게 해요. 에너지를 만들어 몸을 움직이는 데 도움을 주는 것이죠. 에너지를 공급해 주는 영양소 세 가지를 기억하나요? 그 중 하나가 바로 단백질이에요.

　두 번째로 단백질은 근육, 혈액, 뼈, 머리카락 등의 모습으로 우리 몸을 구성해요. 이 중 근육은 팔다리에도 있지만 몸속에도 있어요. 근육이 있기 때문에 우리는 자유롭게 몸을 움직일 수 있고, 우리가 먹은 음식이 몸속을 잘 지나갈 수 있는 것이랍니다.

머리카락이나 피부도 단백질로 이루어져 있다는 사실, 알고 있었나요? 머리카락이나 피부를 확대해서 자세히 보면 아주 가느다란 단백질 층으로 이루어져 있어요.

단백질은 몸의 상처를 치료하는 일도 해요. 다들 한 번쯤 상처가 생겼다가 나은 경험이 있을 거예요. 넘어져서 상처가 나면 어떤가요? 시간이 지나면서 자연스레 낫지요? 상처를 낫게 하는 것도 단백질이랍니다. 피부, 근육, 뼈 등을 재생하는 역할을 하기 때문이에요.

세 번째로 단백질은 몸의 기능을 조절하는 역할을 해요. 무엇보다 단백질이 만들어 내는 호르몬은 우리 몸의 생리 작용을 조절하고, 몸이 안정된 상태로 유지되도록 도와줘요. 이뿐인가요? 호르몬은 음식을 소화시킬 때도, 오줌이나 똥을 눌 때도, 숨을 쉬거나 몸의 각 조직이 기능을 할 때도, 빛을 보고 냄새를 맡는 등 감각을 느낄 때도, 숨을 들이쉬거나 내쉴 때도, 잠을 자고, 몸이 자라는 데, 심지어 슬프거나 기쁜 감정에도 관여해요.

이렇게 많은 일을 하는 단백질이 어떻게 우리 몸에 흡수될까요? 앞에서 단백질은 아미노산으로 이루어진다고 했었죠? 우리가 단백질이 들어 있는 음식을 섭취하면 단백질은 몸속에서 분해되어 다시 아미노산으로 돌아가요. 아주 작아져서 우리 몸에 흡수되는 것이죠.

# 단백질은 무조건 많이?

"고기는 단백질이니 많이 먹을수록 좋아요!"

단백질은 몸에 좋은 영양소니, 무조건 많이 먹으면 좋을까요? 아니요. 너무 과해도 좋지 않아요. 내 몸에 필요한 만큼 단백질을 섭취하는 것이 가장 좋아요. 몸에서 필요한 양보다 더 많은 양을 먹으면 쓰지 못하고 남는 게 생겨요. 남은 건 오줌에 섞여서 몸 밖으로 버려진답니다. 몸 밖으로 내보냈으니까 된 거 아니냐고요? 신장은 몸에 필요 없는 것을 골라내는 일을 해요. 남는 단백질이 많아지면 신장이 할 일도 많아져서 힘들답니다.

그럼 우리 몸에 단백질이 얼마나 필요한지 어떻게 알 수 있을까요? 자세히 말하면 체중 1kg낭 하루에 단백질 1g이 필요해요. 몸무게가 30kg이라면 단백질 30g이 적당한 양이죠. 너무 어렵다고

요? 쉽게 손바닥 크기로도 알아볼 수 있어요. 사람마다 조금씩 다르겠지만 보통 끼니마다 자신의 손바닥 하나 크기 정도의 단백질이 필요해요. 지금 여러분의 손바닥 크기를 한번 봐 볼까요? 생각보다 손이 크다고 느끼는 친구도 있을 테고 반대로 손이 작게 느껴지는 친구도 있을 거예요. 우리 몸에 필요한 단백질의 양을 알았으니 오늘부터 알맞은 양을 잘 섭취할 수 있겠죠?

"단백질이 많이 들어 있는 달걀을 열심히 먹어야지."

부모님에게 이런 말을 여러 번 들어 봤지요? 틀린 말이 아니에요. 달걀 외에 단백질이 많이 들어 있는 음식에는 어떤 것들이 있을까요? 보통 고기(돼지고기, 소고기, 닭고기, 오리고기 등)와 생선(참치, 고등어 등)에 많이 들어 있어요. 이뿐만 아니라 콩류(두부 등), 견과류, 유제품(우유, 요거트, 치즈 등), 심지어 채소인 브로콜리도 단백질이 풍부한 음식이랍니다.

이렇게 단백질이 풍부한 음식을 얼마나 먹어야 할까요? 매일 3~4회 정도 먹는 것이 적당해요. 물론 사람에 따라 조금씩 다를 수 있지만 아침, 점심, 저녁 각 식사마다 한 가지 반찬이나 음식은 단백질이 들어 있는 것이 좋답니다.

## 단백질이 질병을 일으킨다고요?

"운동을 자주 하고 단백질을 잘 챙겨 먹는데도 매일 피곤해요."
"집중이 잘 되지 않고 밥을 먹어도 자주 배고파요."

여러분은 혹시 이런 생각을 해 본 경험이 있나요? 만약 지금 이런 생각이 들거나 비슷한 경험이 있다면 단백질을 너무 많이 섭취하고 있는 것은 아닌지 고민해 볼 필요가 있어요.

단백질을 무조건 많이 섭취한다고 몸에 좋은 것은 아니에요. 앞에서 살펴본 것처럼 단백질을 지나치게 섭취하면 우리 몸에 오히려 해로울 수 있어요. 신장 결석이나 암, 심장병처럼 위험한 질병을 일으킬 수 있죠. 또 우리 몸이 음식에서 필수 영양소를 흡수하는 것을 방해할 수 있어요. 만일 우리 몸이 필수 영양소를 잘 흡수하지 못하면 골다공증, 관절염, 당뇨병처럼 여러 질병이 생길 수 있어서 위험해요. 따라서 너무 많이 섭취하기보다는 우리 몸에 필요한 양을 섭취하는 것이 중요해요.

그렇다면 반대로 단백질을 너무 적게 섭취해서 우리 몸에 단백질이 부족하면 어떤 일이 일어날까요?

단백질은 우리가 성장하는 데 꼭 필요한 영양소예요. 부족하면 근육에서 단백질을 빼서 더 중요한 곳에 써요. 근육이 줄어들면 몸이 힘을 잘 쓸 수 없어요. 또 쉽게 피곤해져요. 머리카락도 잘 빠지고, 피부도 거칠어지고, 손톱도 잘 부러져요. 이뿐만이 아니에요. 단백질이 부족하면 성장도 더디게 되어 키가 잘 크지 않고, 병을 예방하는 힘도 약해져요. 면역력이 부족해져서 쉽게 병에 걸릴 수도 있답니다. 그러니 쑥쑥 자라나는 성장기 어린이라면 알맞은 양의 단백질을 잘 섭취해야 한다는 점! 꼭 기억해야겠죠?

## 우유와 두유, 무엇이 더 좋을까요?

여러분은 동물성 단백질과 식물성 단백질에 대해 들어 본 적이 있나요? 동물성 단백질과 식물성 단백질 중 어떤 것이 몸에 더 좋을까요? 정답은 각각 장단점이 있어서 둘 다 중요하다는 거예요.

먼저 동물성 단백질을 살펴볼까요? 동물성 단백질은 적은 양으로도 많은 에너지를 얻을 수 있어요. 또 식물성 단백질보다 소화하기도 쉬워요.

앞에서 우리가 다루었던 아미노산을 기억하나요? 우리 몸에 필요한 아미노산은 총 스물한 가지가 있어요. 스물한 가지 중에 우리 몸에서는 만들 수 없어서 꼭 음식을 통해 섭취해야 하는 아홉 가지가 있어요. 이것을 '필수 아미노산'이라고 한다고 했죠?

동물성 단백질에는 이러한 필수 아미노산이 많이 들어 있어서

우리 몸에서 필요한 단백질을 충분히 섭취할 수 있어요. 돼지고기, 소고기, 닭고기가 대표적인 동물성 단백질인데, 이것 말고 더 간편하게 섭취할 수 있는 방법은 없을까요? 바로 우유가 좋은 방법이 될 수 있어요.

"우유는 칼슘이 풍부한 음식 아닌가요?"

보통 우유에는 칼슘만 들어 있다고 생각하기 쉬운데, 단백질도 많이 들어 있어서 근육을 만드는 데 큰 도움이 된답니다. 우유는 식물성 음료인 두유에 비해 단백질이 더 많이 들어 있고, 여러분이 성장하고 건강하게 살아가는 데 필요한 필수 아미노산이 충분히 들어 있어요.

그럼 식물성 단백질에는 어떤 것이 있을까요? 바로 견과류와 두부 같은 콩류가 있어요. 식물성 단백질은 동물성 단백질에 비해 포화 지방이나 콜레스테롤이 매우 적게 들어 있다는 장점이 있어요. 식물성 단백질이 훨씬 좋아 보인다고요? 아니에요. 각각 장단점이 있을 뿐이랍니다. 따라서 동물성 단백질과 식물성 단백질을 골고루 섭취하는 것이 좋아요.

**이름** 단백질

**하는 일**
- 에너지를 내요.
- 근육, 피, 뼈 등 우리 몸을 구성해요.
- 몸의 기능을 조절해요.

### 부족할 때
- 피곤해지고 면역력이 약해져요.
- 머리카락이 빠지고, 피부가 거칠어져요.
- 키가 잘 크지 않아요.

### 많을 때
- 오줌으로 나와 신장이 지쳐요.
- 신장 결석과 심장병을 일으켜요.
- 골다공증, 관절염, 당뇨병이 생겨요.

**단백질이 들어 있는 음식들**

고기, 두부, 콩, 생선, 달걀, 유제품 등

# 4장

## 우리 몸을 지켜 주는 지방

## 지방은 억울해!

"나는 무엇일까요? 나는 물에 녹지 않아요. 진짜 맛있는 음식에는 내가 꼭 들어가지요. 하지만 다이어트를 하는 사람들은 나를 피해요. 내가 무엇인지 알고 있나요?"

정답은 '지방'이에요. 말랑말랑한 뱃살을 만져 본 적이 있나요? 그게 바로 우리 몸에 저장된 지방이랍니다. 지방에는 고체인 지방(fat)과 액체인 기름(oil)이 있어요. 음식을 통해 몸속으로 들어온 지방은 지방산으로 작게 쪼개지면서 몸에 흡수돼요.

지방이 들어간 음식을 적게 먹어야 한다는 말을 들어 본 적이 있지요? 어느 정도는 맞는 말이에요. 지방을 너무 많이 먹으면 건강이 나빠지기 때문이지요. 또 살이 많이 쪄서 비만이 될 수도 있어요. 그래서 다이어트를 하는 사람들은 지방이 아주 적게 들어간 음식만 찾아서 먹기도 하지요.

　하지만 지방은 몸에서 중요한 여러 가지 역할을 맡고 있기 때문에 우리 몸에 꼭 필요한 영양소 중 하나랍니다. 지방은 에너지를 저장해 뒀다가 필요할 때 꺼내 쓸 수 있게 하고, 우리 몸의 체온을 유지하도록 해 준답니다.

　지방은 어떤 음식에 많이 들어 있을까요? 지방은 흰 우유, 달걀 노른자, 삼겹살, 기름진 생선 같은 음식과 호두, 땅콩, 아몬드 같은

견과류, 아보카도와 코코넛 등의 과일에도 들어 있어요. 치즈, 크림, 버터, 초콜릿, 케이크 등 우리가 좋아하는 맛있는 음식에도 많이 들어 있답니다.

지방이 많이 들어간 음식은 고소하고 부드러워요. 또 지방은 탄수화물이나 단백질보다 위장을 통과하는 시간이 길어서 오랫동안 배가 부른 느낌이 들게 한답니다. 지방이 많이 들어간 음식들을 떠올려 보세요. 생각만 해도 벌써부터 군침이 돌지 않나요?

# 쿠션처럼 몸을 안전하게 지켜 주는 지방

　지방은 우리 몸에서 하는 일이 아주 많아요. 어떤 일들을 하고 있는지 자세히 살펴볼까요?

　먼저, 지방은 에너지를 내는 일을 해요. 지방에는 탄수화물이나 단백질과 비교했을 때 거의 두 배가 넘는 에너지가 들어 있어요. 음식을 먹었을 때 탄수화물이 가장 먼저 에너지가 되지만, 탄수화물로 얻은 에너지를 다 쓰고 나면 우리 몸에 저장되어 있는 지방이 에너지를 내기 시작해요. 이렇게 우리 몸은 음식을 먹지 못할 때에도 힘을 내기 위해서 음식으로 섭취한 지방은 물론 몸속에서 쓰고 남은 탄수화물이나 단백질을 미리 지방으로 바꿔 저장해 놓는답니다.

　지방은 쿠션처럼 몸을 보호해 주기도 해요. 피부 속에도 있고,

몸속에 중요한 장기들을 둘러싸고 있어서 넘어지거나 다른 곳에 부딪혔을 때 우리 몸을 안전하게 보호해 주지요. 또 우리 몸을 덮고 있어서 열이 바깥으로 빠져나가 체온이 떨어지는 것을 막아 준답니다. 사람의 몸이 항상 일정한 체온을 유지할 수 있는 비결이지요.

지방은 다른 영양소를 돕는 좋은 친구랍니다. 비타민은 아주 종류가 많고, 특징도 다양해요. 그중에는 물에는 녹지 않고 기름에만 녹는 비타민도 있는데, 지방은 기름에 녹는 비타민이 우리 몸에 흡수되는 것을 도와줘요.

우리 몸을 작게 나눈다면 어떻게 나눌 수 있을까요? 머리, 몸통, 팔과 다리? 뇌와 심장, 여러 장기들, 그리고 뼈와 피부? 여러 가지 방법이 있겠지요. 그런데 어떻게 나누든 가장 작은 단위는 '세포'예요. 우리 몸의 장기와 기관들은 모두 세포들이 모여 이루고 있으니까요.

세포에는 세포를 둘러싸고 있는 세포막이라는 게 있는데, 지방은 그 세포막을 만드는 데도 중요한 역할을 한답니다.

뇌 역시 지방과 관련이 깊어요. 뇌의 65퍼센트가 지방으로 이루어져 있기 때문이죠! 뇌에는 몸 곳곳으로 정보를 전달하는 '신

경'이라는 것이 많이 있는데, 신경도 지방으로 이루어져 있어요.

이 정도면 지방이 우리 몸에 꼭 필요하다고 할 수 있겠죠?

"지방이 이렇게 많은 역할을 하는지 몰랐어요. 하지만 지방이 많이 든 음식은 몸에 해로우니 피하라 하던걸요!"

이렇게 많은 역할을 하고 우리 몸에 꼭 필요한 지방을 왜 피하는 사람들이 많을까요? 지방을 지나치게 많이 먹으면 몸에 지방이 너무 많이 저장되어 건강을 해칠 수 있기 때문이지요. 몸무게가 늘어나고 각종 질병이 생길 수 있어요. 또 장기를 둘러싸고 있는 지방이 점점 많아져 장기가 움직이는 데 부담을 줄 수도 있지요.

그렇다고 지방을 적게 먹으면 좋은 영양소를 몸속에서 흡수할 수 없게 된답니다. 기름에만 녹는 비타민의 흡수를 지방이 돕는다고 했죠? 이 밖에도 지방은 몸에서 만들어지는 화학 물질인 호르몬을 만들고 저장하기도 하는데, 지방이 부족하면 이 호르몬에도 문제가 생긴답니다. 다이어트를 하는 사람들은 지방을 멀리 하려고 노력하겠지만, 우리 몸속에 지방이 부족하면 배고픔을 빨리 느끼기 때문에 적당한 양의 지방은 꼭 먹어야 해요.

## 우리 몸의 방해꾼, 트랜스 지방

지방에는 크게 세 가지 종류가 있어요. 포화 지방, 불포화 지방, 트랜스 지방이 있답니다.

포화 지방은 자연 그대로의 기온, 즉 상온에서 덩어리처럼 굳어 있는 지방이에요. 쇠기름, 돼지기름과 같이 동물에서 나오는 지방에 많이 들어 있어요. 또 버터, 치즈, 마요네즈, 크림, 라면 등에도 많이 있지요. 버터가 많이 들어간 빵이나 과자에도 포화 지방이 많이 있겠지요? 포화 지방이 들어간 음식들은 모두 인기가 많은 음식인데, 안타깝게도 많이 섭취했을 때 다양한 질병을 일으킬 수도 있답니다. 특히 혈관, 심장과 관련된 질병을 일으킬 수 있어요.

불포화 지방은 상온에서 물처럼 흐르는 액체 형태의 지방이에요. 고등어 같은 등 푸른 생선, 호두나 땅콩, 아몬드 같은 견과류,

그리고 콩기름, 올리브유 등에 많이 들어 있어요.

불포화 지방은 심장이 하는 일과 관련이 깊어요. 심장이 어떤 일을 하냐고요? 심장은 우리 몸속 구석구석 피를 보내는 아주 중요한 기관이에요. 이때 불포화 지방은 심장의 근육이 건강하게 움직이도록 한답니다. 또 세포막을 만들고 뇌가 발달하게 하는 것도 불포화 지방이에요. 불포화 지방이 부족하면 피부에 염증이 생기고 어린이들은 성장이 느려지기도 해요. 또 면역력이 떨어져 감기나 여러 가지 병에 쉽게 걸린답니다.

포화 지방은 보통 나쁜 지방으로, 불포화 지방은 착한 지방으로 불려요. 포화 지방은 많이 먹었을 때 질병을 일으킬 수 있지만, 불포화 지방은 질병을 예방하는 데 도움이 되기 때문이지요. 하지만 포화 지방과 불포화 지방 모두 너무 부족하거나 넘치면 우리 몸에 좋지 않으니 꼭 알맞은 양으로 먹어야 해요!

이제 조금 특별한 지방인 '트랜스 지방'을 소개해 볼게요. 트랜스 지방이 왜 특별한지 궁금하지요? 그 이유는 트랜스 지방이 만들어지는 과정에 있답니다.

트랜스 지방은 다른 지방과 다르게

인공적으로 만들어져요. 즉, 자연 상태 그대로가 아니라 사람이 가공해서 만든답니다. 불포화 지방은 상온에서 액체의 모습이라고 했지요? 기름의 형태인 불포화 지방을 덩어리인 고체로 만들면서 생기는 지방이 바로 트랜스 지방이에요.

알맞은 양을 먹었을 때 우리 몸에 도움이 되는 포화 지방이나 불포화 지방과는 달리 트랜스 지방은 먹었을 때 우리 몸에 좋지 않답니다. 트랜스 지방은 끈적끈적해서 피가 혈관을 타고 흐르는 것을 방해해요. 또 혈관 벽에 붙어서 혈관을 좁아지게 하고, 심한 경우 길을 완전히 막아서 혈관을 터지게도 한답니다.

앞에서 지방이 우리 몸을 이루는 작은 단위인 세포의 막을 만든다고 했지요? 트랜스 지방은 세포막을 단단하게 하는데, 너무 단단해지면 세포에 필요한 물이나 영양소가 세포막을 통과하기 어려워지기도 해요.

또 트랜스 지방을 많이 섭취하면 살이 찌기 쉽고, 뇌졸중, 고혈압, 암 등 큰 병에 걸릴 수도 있어요. 자꾸 무언가를 잊어버리는 건망증이 생길 수도 있다고 해요.

이렇게 나쁜 지방인 트랜스 지방을 어떻게 피할 수 있을까요? 여러분에게 아주 슬픈 소식을 전해야 할 것 같아요. 부드럽고 고소하고 바삭한 음식일수록 트랜스 지방이 많이 들어 있다고 해요. 대표적으로 햄버거, 치킨, 피자, 케이크, 쿠키, 아이스크림과 같은 음식이 있어요.

"안 돼. 나는 이 맛있는 음식들을 포기할 수 없어!"

절규하는 소리가 들리네요. 하지만 트랜스 지방이 몸속에 한번 들어오면 쉽게 빠져나가지 못한다고 하니 어쩌겠어요. 지방이 든 간식을 먹을 때는 인스턴트나 튀긴 음식을 줄이고, 견과류나 고등어와 같은 자연 식품을 선택해 보는 것이 어떨까요?

# 우리 몸에 꼭 필요한 필수 지방산

불포화 지방 중에는 우리 몸에서 저절로 생겨나지 않기 때문에 반드시 음식물로 섭취해야 하는 지방이 있어요. 바로 '필수 지방산'이랍니다. 대표적으로 오메가 3, 오메가 6 등이 있어요. 필수 지방산은 심장 근육의 움직임을 조절하는 역할을 해요. 또 피부를 건강하게 유지해 주지요. 다양한 세포들을 만들고 세포가 일을 하는 데에도 필요해요. 콜레스테롤을 조절하는 역할도 하고 있어요. 지방이 잘게 쪼개지면 지방산이 되는데, 콜레스테롤은 지방산의 한 종류예요. 콜레스테롤에는 좋은 콜레스테롤과 나쁜 콜레스테롤이 있고, 둘 다 피를 타고 온몸을 돌아다녀요.

나쁜 콜레스테롤이 혈관 속에 많이 있으면 심장이나 혈관과 관련된 여러 질병에 걸리기 쉬운데, 필수 지방산이 콜레스테롤의 양

을 조절하는 일을 맡고 있어요.

필수 지방산이 부족하면 사람은 쉽게 피곤함을 느끼고, 집중력이 떨어져요. 또 피부가 푸석푸석해지고 건조해진답니다. 우리 몸을 지키는 면역력이 떨어져 감기나 여러 가지 병에 걸리기도 쉬워요. 이렇게 중요한 역할을 하는 필수 지방산은 음식을 먹어야 얻을 수 있다고 했으니 어디에 들어 있는지 살펴볼까요? 필수 지방산은 고등어, 삼치, 꽁치와 같은 등 푸른 생선과 브로콜리, 달걀, 아보카도, 견과류 등에 들어 있어요. 앞으로 간식 시간에는 필수 지방산이 들어간 음식을 골라 보는 건 어떨까요?

**이름** 지방

**하는 일**
- 에너지를 내요.
- 쿠션처럼 몸을 보호해요.
- 세포막을 만들어요.

### 부족할 때
- 지용성 비타민 흡수가 어려워요.
- 쉽게 피곤하고 집중력이 떨어져요.

### 많을 때
- 쉽게 비만이 돼요.
- 몸속 장기에 부담을 줘요.
- 피를 끈적하게 만들어서 각종 질병을 일으켜요.

**지방이 많이 들어 있는 음식들**

고기, 기름, 등 푸른 생선, 견과류 등

 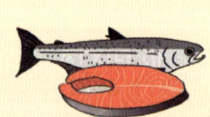

# 5장

## 적은 양이어도 꼭 필요한 무기질

## 무기질이 하는 일

"어제 라면을 먹고 아침에 얼굴이 퉁퉁 부었어요."

"체육 시간에 갑자기 운동을 하려고 했는데, 세상이 빙 돌아가는 것처럼 어지러웠어요."

여러분은 이런 경험을 한 적이 있나요? 이건 우리 몸에서 어떤 영양소가 부족하다고 보내는 응급 신호예요. 이번에 함께 살펴볼 5대 영양소 중 그 네 번째 영양소! 바로 무기질이죠.

무기질은 우리 몸을 활기차게 해 주는 중요한 영양소예요. 비타민과 마찬가지로 탄수화물, 단백질, 지방에 비해 우리 몸속에서 차지하는 양은 매우 적어요. 우리 체중의 4퍼센트 정도가 무기질이지요. 하지만 무기질이 없다면 몸을 활기차게 움직일 수 없기 때문에 생명을 유지하는 데 절대 빼놓을 수 없는 영양소라고 할 수 있어요.

　적은 양이지만 우리 몸에 꼭 필요한 영양소인 무기질에는 어떤 것들이 있을까요? 가장 대표적인 무기질로는 주로 생명체의 골격, 조직, 체액 따위에 포함되어 있는 철, 칼슘, 나트륨, 인, 아이오딘, 마그네슘 등이 있어요. 어디서 한 번씩 다 들어 본 영양소들이죠? 이외에도 아연, 구리 등 다양한 영양소가 있어요. 이들은 굉장히 적은 양이지만 제각각 우리 몸에 꼭 필요한 무기질이랍니다. 무기질을 다른 말로 '미네랄'이라고도 해요.

　우리 몸에 유익한 일을 많이 하는 무기질은 어디서 생겨나는 걸까요? 무기질은 원래 땅속에 있었답니다. 그런데 식물이 무럭무럭 자라기 위해 땅속에 있는 무기질을 흡수했어요. 그럼 식물 속에 무기질이 들어 있겠죠? 사람들이 이렇게 무기질이 들어간 식물을 먹거나, 이 식물을 먹은 동물을 음식으로 조리해 먹을 때 무기질을 섭취하게 되는 거예요.

　이뿐만 아니라 치즈, 우유, 요거트는 동물로부터 얻은 재료로 만든 음식들이죠? 이처럼 동물한테서 얻은 다양한 음식들을 통해서도 우리는 몸에 필요한 무기질을 섭취할 수 있어요.

　이렇게 섭취한 무기질이 우리 몸속에서 어떤 일을 하는지도 궁금하죠? 지금부터 무기질이 하는 대표적인 일 세 가지를 차근차근 알아보려고 해요.

먼저 무기질은 뼈를 만드는 주된 성분이고, 뼈가 튼튼하게 잘 자라도록 돕기도 해요. 치아를 구성하는 물질이기도 하지요. '뼈' 하면 떠오르는 영양소가 있지 않나요? 바로 '칼슘'과 '인'이죠. 칼슘은 우리 몸속에 있는 무기질 중에서 가장 많은 양을 차지해요. 체중의 약 2퍼센트를 차지하는데, 그중 99퍼센트는 뼈와 치아이고, 1퍼센트는 체액 상태로 근육 수축이나 혈액 응고를 돕고 있어요. 인은 그다음으로 많아요. 칼슘은 우유를 포함한 유제품, 뼈째 먹는 생선, 해조류, 녹색 채소 등에 많이 들어 있고, 인은 견과류, 유제품 등에 많이 들어 있어요.

또 무기질은 머리부터 발끝까지 우리 몸을 쉬지 않고 순환하는 피를 만드는 일을 해요. 피를 만들고 피의 양을 알맞게 조절해서 우리 몸의 균형을 조절해 줘요.

'피' 하면 떠오르는 영양소가 있지 않나요? 바로 '철'이에요. 몸을 움직일 때 어지러움이 느껴진다면 우리 몸에 철이 부족해서 나타나는 증상일 수 있어요. 그래서 무기질이 제 역할을 잘하도록 돕고 싶다면 음식을 통해 철을 잘 섭취해야 하죠. 철이 많이

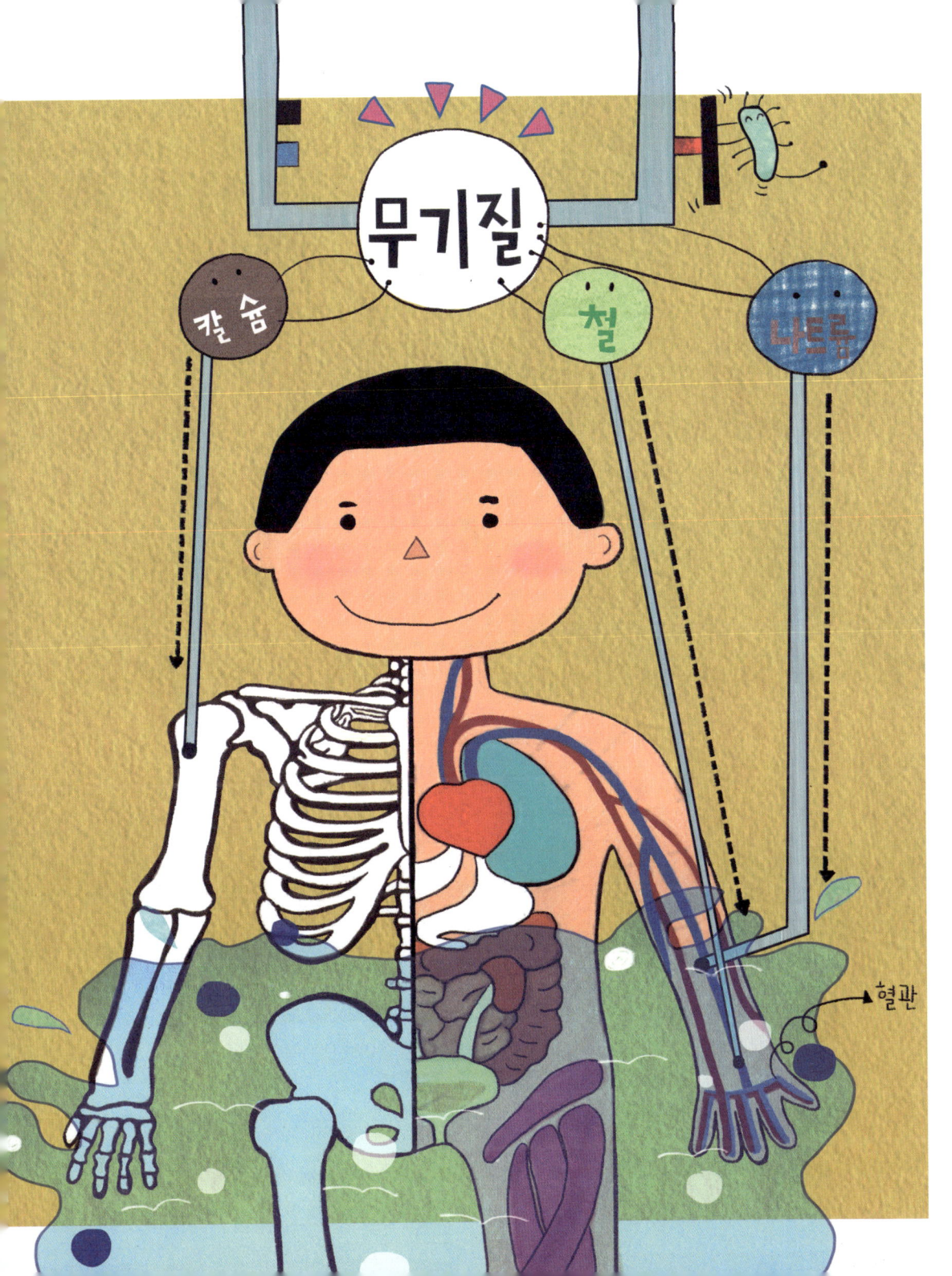

들어 있는 음식은 간, 달걀노른자, 살코기 등이에요.

　마지막으로 무기질은 우리 몸의 수분량을 조절하는 일을 해요. 쉽게 말해 몸속 물의 양을 조절하는 거죠. 이러한 일을 주로 하는 영양소는 '나트륨'이에요. 나트륨은 몸속의 물과 피의 양을 조절해서 우리 몸의 균형을 잡아 주는 일을 하죠.

　나트륨이라고 하면 떠오르는 음식이 있나요? 짭조름하고 음식을 조리할 때 양념으로 많이 넣는 것, 바로 '소금'이에요. 소금은 우리가 먹는 대부분의 음식에 조미료로 들어가는데, 이러한 소금이 우리 몸의 물과 피의 양을 균형 있게 조절한다는 사실, 여러분은 알고 있었나요? 라면과 같은 짠 음식을 먹었을 때 몸이 붓는 것은 바로 이 나트륨 때문에 일어나는 증상이에요.

　"왜 짠 음식을 먹으면 몸이 붓는 거예요?"

　나트륨은 물을 좋아해요. 그래서 나트륨을 많이 섭취하면 우리 몸속에서 주변에 있는 물을 끌어들이기 때문에 몸이 퉁퉁 붓게 되는 것이랍니다.

　우리 몸에 나트륨이 너무 많으면 좋지 않은데, 바로 이때에도 무기질은 제 역할을 다한답니다. 몸속에 나트륨이 많아지면 포타슘(칼륨)이 나트륨을 몸 밖으로 내보내는 일을 해요. 우리 몸에 알맞게 나트륨의 양을 조절해 주고 혈압도 낮춰 주는 거지요.

지금까지 무기질이 하는 일에 대해 알아보았어요. 여러분이 생각했던 것보다 무기질은 우리 몸에 필요한 영양소로서 정말 중요한 일들을 하고 있죠? 이것 말고도 무기질이 하는 일은 더 많아요. 그만큼 양은 적지만 우리 몸에 꼭 필요한 영양소랍니다.

## 무기질이 과하거나 부족하면?

"나트륨은 우리 몸에 꼭 필요한 무기질이니까, 많이 섭취해도 되겠지?"

이런 생각은 잘못된 생각이에요! 나트륨은 부족할 때보다 많이 섭취할 때 더 문제가 될 수 있어요. 몸속에 나트륨이 너무 많아지면 고혈압과 심장병이 생길 수 있어요. 고혈압은 혈압이 정상 수치보다 높은 것을 말해요. 혈압이 높으면 다른 질병이 쉽게 생길 수 있고, 심장에도 좋지 않은 영향을 미칠 수 있어요. 특히 한창 성장이 중요한 시기일 때 심장에 문제가 생기면 안 되겠죠? 따라서 나트륨을 적당하게 섭취하는 것이 중요해요. 포타슘이 나트륨의 양을 조절하는 것도 이 때문이에요.

나트륨뿐만 아니라 '인'도 무기질 중 하나라고 했죠? 그럼 인은 많이 섭취하면 좋을까요? 그렇지 않아요. 인은 식품 첨가물에 많이 들어 있어요. 식품 첨가물이란 조미료나 합성 착향료와 같이 음식을 맛있게 하기 위한 물질을 말해요. 이렇게 인이 많이 포함된 식품 첨가물을 지나치게 섭취하면 뼈가 약해질 수 있어요.

　다음으로 칼슘과 철이 부족하면 어떤 문제가 있을지 생각해 볼까요? 칼슘은 우리 몸속에 가장 많이 있는 무기질이고, 뼈와 치아를 만든다고 했죠? 칼슘이 부족하면 뼈와 치아가 약해질 수 있어요. 위험한 경우에는 뼈에 구멍이 생기거나 뼈가 부서질 수도 있

답니다. 키가 쑥쑥 크고 무럭무럭 건강하게 자라나기 위해 칼슘도 꼭 섭취해야 해요.

철은 어떤 일을 할까요? 위나 장과 같은 장기부터 손가락을 움직이게 하는 근육까지 우리 몸이 제대로 움직이기 위해서는 산소가 필요해요. 숨을 들이쉴 때 몸에 들어온 산소는 폐에 모여 있어요. 이걸 몸속 이곳저곳에 가져다줄 때 필요한 게 철이랍니다. 철이 부족하면 뇌에 산소가 부족해져서 어지러움이 느껴져요. 심해지면 쓰러질 수도 있어서 위험하답니다.

어떤 영양소든 너무 과하거나 부족한 것은 좋지 않아요. 모든 영양소를 골고루 적당하게 섭취하는 것이 가장 중요하다는 것! 이 점을 잘 기억해 두길 바라요.

# 녹색 채소에서 찾은 무기질

무기질이 우리 몸에 꼭 필요하고 중요한 영양소라는 걸 알았다면, 이제 무기질이 풍부한 음식을 잘 섭취하는 것이 중요하겠죠? 무기질이 풍부하게 들어 있는 음식에는 어떤 것들이 있을까요?

바로 녹색 채소에서 찾을 수 있어요. 녹색 채소에는 칼슘, 포타슘, 철, 마그네슘이 풍부해요. 녹색 채소에는 어떤 것들이 있을까요? 피망, 브로콜리, 시금치, 부추, 죽순, 쑥갓 등 정말 많은 채소가 있어요.

녹색 채소는 우리가 먹는 급식에서도 매일 빠지지 않고 나오곤 해요. 맛이 없거나 먹어 본 적이 없어서 먹으려는 시도조차 하지 않고 반찬을 남기는 친구들도 있을 거예요. 하지만 급식에 나오는 바로 그 녹색 채소에 무기질이 풍부하게 들어 있으니 앞으로는 남

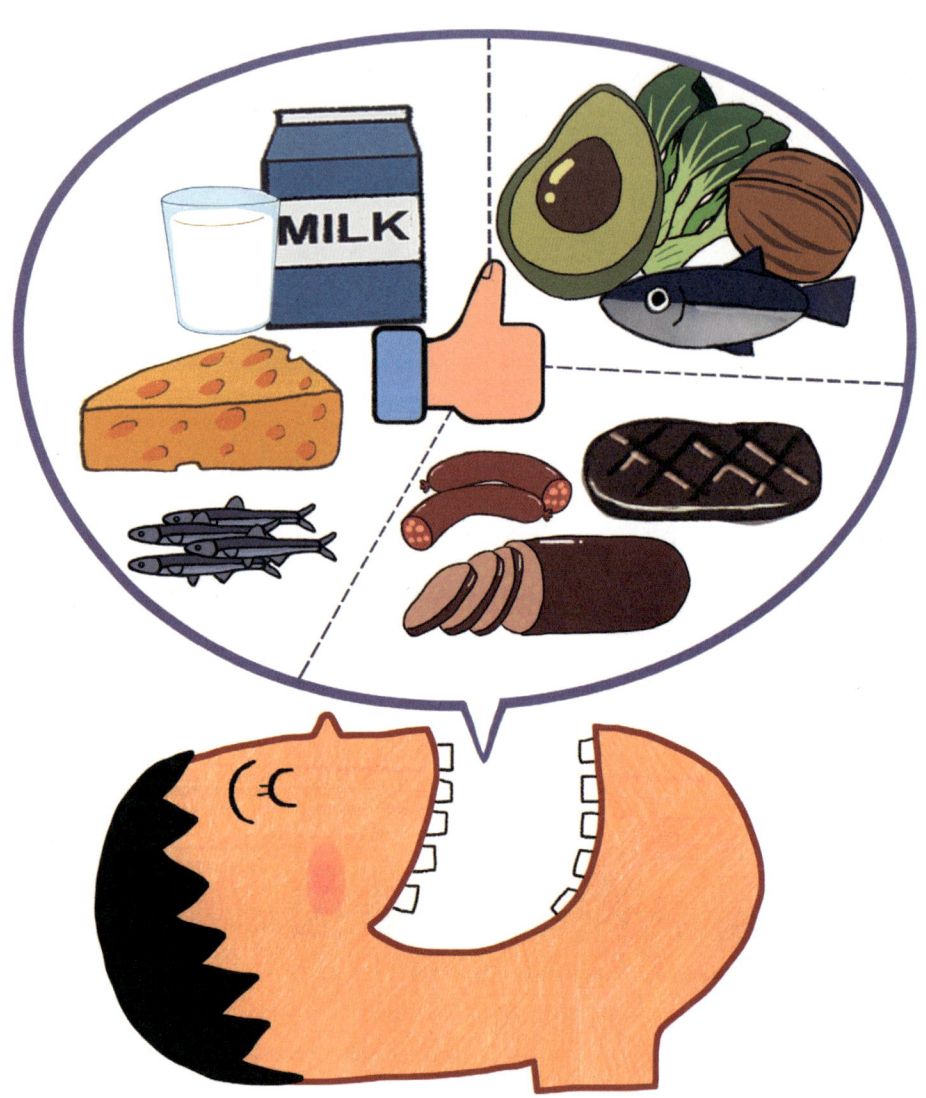

기지 않고 골고루 먹는 것이 좋겠죠?

칼슘이 풍부한 음식으로는 멸치와 유제품인 우유, 치즈, 요거트가 있어요. 아이스크림에도 일부 칼슘이 들어 있답니다.

"아이스크림에 칼슘이 들어 있다고? 와우! 그럼 엄청 많이 먹어도 되는 거야?"

이렇게 생각한 친구들 있나요? 아이스크림에는 몸에 좋은 칼슘만 있는 것이 아니에요. 사실 아이스크림에는 칼슘에 비해 당류가 훨씬 많이 들어 있어서 많이 먹는 것은 건강에 좋지 않아요.

철이 풍부한 음식으로는 콩, 홍합, 조개, 견과류, 시금치가 있고, 포타슘이 풍부한 음식으로는 생선과 조개류, 바나나, 아보카도가 있어요.

지금까지 무기질이 풍부하게 들어 있는 다양한 음식들을 알아보았어요. 한 번도 먹어 보지 않은 음식이나 평소에 싫어했던 음식이 있나요? 그래도 앞으로는 여러분의 건강을 위해 한번 도전해 보고 골고루 먹어 보도록 해요.

이름   **무기질**

하는 일
- 뼈를 만들어요.
- 산소를 운반해요.
- 수분량을 조절해요.

### 칼슘
- 뼈를 건강하게 만들어요.
- 근육을 늘리고 줄여요.

### 철
- 산소를 운반해요.
- 부족하면 어지러워요.

### 나트륨
- 물과 피의 양을 조절해요.
- 많으면 고혈압, 심장병에 걸려요.

### 인
- 뼈를 건강하게 만들어요.
- 많으면 뼈가 약해져요.

# 6장

## 과일에 풍부하게 들어 있는 비타민

## 비타민이 하는 일

다섯 번째로 알아볼 영양소는 '비타민'이에요. 비타민에 대해 들어 본 적이 있나요? 알약 아니냐고요? 맞아요. 알약이나 젤리로 비타민을 먹어 보거나 가족들이 먹는 것을 본 적이 있을 거예요. 하지만 비타민은 약의 종류가 아니라 5대 영양소 중 하나랍니다. 많은 양이 필요하지는 않지만 우리가 건강한 몸을 갖기 위해서는 꼭 필요한 영양소예요. 몸속에 비타민이 부족하면 여러 가지 병에 걸릴 수 있기 때문에 꼭 음식으로 섭취해야 한답니다.

비타민은 다양한 종류가 있는데, 크게는 두 가지로 나눌 수 있어요. 하나는 물에 잘 녹는 '수용성 비타민'이고, 다른 하나는 기름에 잘 녹는 '지용성 비타민'이에요. 수용성 비타민에는 비타민 B와 비타민 C가 있어요. 지용성 비타민에는 비타민 A, 비타민 D,

비타민 E, 비타민 K가 있어요. 지용성 비타민은 기름에 녹기 때문에 기름과 함께 먹을 때 몸에 흡수가 더 잘 된답니다. 수용성 비타민은 많이 먹어도 소변을 통해 몸 밖으로 잘 빠져나가요. 하지만 지용성 비타민은 너무 많이 먹었을 때 몸에서 잘 빠져나가지 않고 병을 일으킬 수 있기 때문에 먹을 때 주의해야 해요.

그럼 비타민은 어떤 일을 할까요? 비타민은 탄수화물, 단백질, 지방처럼 에너지를 내는 영양소는 아니에요. 하지만 우리 몸 곳곳에서 비타민 종류에 따라 맡은 여러 가지 일들을 하고 있답니다.

먼저, 비타민 A는 눈이 하는 일을 도와요. 또 몸이 잘 자라도록 돕고, 면역력도 길러 줘요.

비타민 B에는 비타민 B1, 비타민 B2, 비타민 B6, 비타민 B12 등 여러 종류가 있어요. 비타민 B는 피곤한 몸을 회복시키고, 스트레스가 쌓이지 않도록 도와줘요.

비타민 C는 피부를 좋게 하고, 혈관을 건강하게 유지하게 해요. 또 면역력을 높이고 감기를 예방하는 데도 도움이 돼요.

비타민 D는 칼슘이 우리 몸에 잘 흡수되도록 도와줘서 뼈와 치아를 튼튼하게 하지요. 어린이들에게 정말 중요하겠죠? 비타민 D는 음식을 통해서도 얻을 수 있지만, 대부분은 햇빛을 통해 얻어요. 햇볕을 쬐면 사람의 몸속에서 비타민 D가 만들어지거든요. 그래서 태양 비타민이라고도 불린답니다.

비타민 E는 우리 몸이 늙지 않게 도와주고, 탱탱한 피부를 유지할 수 있게 도와줘요. 각종 독소와 발암 물질로부터 몸을 보호하는 일도 해요.

비타민 K는 몸에 상처가 생겨 피가 날 때 피를 굳게 하는 단백질을 도와서 피를 멈추게 한답니다. 또 뼈를 튼튼하게도 해요.

비타민은 우리 몸의 주된 영양소는 아니지만 정상적인 발육과 생리 작용을 유지하는 데 없어서는 안 되는 영양소예요. 비교적 적은 양이 필요하지만 몸속에서 저절로 생성되지 않기 때문에 부족하지 않도록 음식이나 영양제 등으로 꼭 보충해 주어야 해요.

## 무시무시한 비타민 결핍증

비타민이 부족하면 어떻게 될까요? 우리 몸에 병이나 이상한 증상이 나타나요. 이것을 '비타민 결핍증'이라고 해요. 비타민의 종류에 따라서 각각 특유의 결핍증과 증상이 나타난답니다.

먼저, 비타민 A가 부족하면 밤에 앞이 잘 보이지 않는 야맹증에 걸릴 수 있어요. 또 성장기 어린이에게 비타민 A가 부족하면 성장이 늦어질 수 있어요.

비타민 B는 피로한 몸을 회복시켜 주는 역할을 해요. 그래서 우리 몸속에 비타민 B가 부족하면 몸이 쉽게 피곤하고 기운이 없어서 축 처지는 느낌을 받아요.

'괴혈병'에 대해 들어 본 적이 있나요? 잇몸에서 피가 나기 시작하고 몸이 약해지면서 결국 목숨까지도 잃을 수 있는 무서운 병이에요. 이 괴혈병은 비타민 C가 부족해서 걸리는 병이에요. 대항해 시대에는 괴혈병이 해적보다 무서웠다고 해요. 채소나 과일을 먹기 힘든 배 위에서 선원들이 괴혈병으로 죽어 가는데도 원인을 알지 못해 손을 쓸 수 없었거든요. 다행히 요즘에는 비타민 C를 쉽게 구할 수 있어서 괴혈병을 예방할 수 있답니다.

비타민 D는 뼈와 치아를 튼튼하게 한다고 했지요? 그래서 비타민 D가 부족하면 당연히 뼈와 치아가 약해질 수 있어요.

비타민 E가 부족하면 빈혈이 생길 수 있어요. 피 속에는 산소를 옮기는 헤모글로빈이 있는데, 이 헤모글로빈이 부족하면 머리가 아프고 핑 도는 것 같은 어지러움을 느껴요. 이것이 바로 빈혈이랍니다. 또 비타민 E가 부족하면 머리카락이 빠지는 탈모가 생길 수도 있어요. 머리카락이 빠진다고 고민하는 부모님이 계신다면 비타민 E를 드시라고 권해 보세요.

비타민 K가 부족하면 상처가 났을 때 피가 잘 멈추지 않아 위험할 수 있어요. 또 뼈를 만드는 일도 하기 때문에 부족하면 뼈가 약해져요. 특히 신생아에게 비타민 K가 부족하면 아주 위험해질 수 있다고 해요.

비타민 결핍증이 정말 다양하지요? 하지만 너무 걱정하지 마세요. 비타민은 음식이나 영양제를 통해 쉽게 보충할 수 있으니까요. 그렇다고 너무 많이 먹으면 부작용이 생길 수 있으니 무엇보다 알맞은 양을 먹는 것이 중요하겠죠?

# 과일에서 찾은 비타민

　비타민은 어디에서 얻을 수 있을까요? 다양한 음식에서 비타민을 찾을 수 있답니다. 먼저, 눈 건강에 좋은 비타민 A는 달걀, 동물의 간, 당근 등에 있어요. 또 기름진 생선, 치즈와 우유, 요거트 등에도 비타민 A가 많답니다.

　우리 몸의 피로 회복을 도와주는 비타민 B는 호두, 현미, 연어, 콩에 많아요. 또 고기, 달걀, 생선 등에도 풍부하게 들어 있어요.

　비타민 C는 신선한 과일과 채소에 많이 들어 있어요. 오렌지, 레몬, 라임처럼 신 과일과 딸기, 파프리카, 녹색 채소 등에 많지요. 비타민 C는 열에 파괴되기 쉽기 때문에 익히지 않고 그대로 먹는 게 더 좋아요.

　뼈와 치아를 튼튼하게 해 주는 비타민 D는 우유, 치즈, 버터, 고

등어에 많이 있어요. 또 버섯과 고기를 통해 섭취할 수도 있답니다. 그리고 햇볕을 쬐면 우리 몸속에서 만들어지는 유일한 비타민이기도 하답니다.

피부를 튼튼하게 해 주는 비타민 E는 아몬드와 같은 견과류와 씨앗, 올리브유 등에 들어 있어요.

상처의 피를 멈추게 해 주는 비타민 K는 잎이 많은 녹색 채소와 토마토, 해바라기유 등에 많이 있어요.

과일과 채소에는 여러 종류의 비타민이 동시에 들어 있어요. 대표적으로 브로콜리는 비타민 B1과 B2, 그리고 비타민 C까지 들어 있는 건강한 채소랍니다. 또 시금치에는 비타민 B2와 비타민 C, 비타민 K까지 들어 있지요. 단호박에는 비타민 C와 비타민 E가 많이 들어 있고, 비타민 B1과 비타민 B2도 있답니다. 배추와 무에는 비타민 C와 비타민 K가 들어 있어요. 여러분은 버섯을 좋아하나요? 느타리버섯, 표고버섯, 팽이버섯 등에는 비타민 B와 비타민 D가 많이 있어요.

## 알록달록 오색 채소와 과일

알록달록한 오색 채소와 과일에는 비타민과 여러 좋은 성분들이 많이 들어 있어서 건강한 몸을 유지하는 데 무척 좋답니다. 어떤 채소와 과일들이 있는지 살펴볼까요?

### 붉은색 채소와 과일

붉은색 채소와 과일인 홍고추, 토마토, 수박, 석류, 자몽에는 '리코펜'이라는 붉은색 색소가 들어 있어요. 붉은색 과일 중에서 딸기와 체리는 제외예요. 두 과일에는 리코펜이 없어요. 리코펜은 심장 혈관에 생기는 병을 예방하는 효과가 있어요. 또 세포와 조직이 손상되는 것을 막아 주는 항산화 작용도 한답니다.

### 노란색, 주황색 채소와 과일

　노란색, 주황색 채소와 과일에는 파프리카, 당근, 레몬, 귤, 바나나가 있어요. 이들 채소와 과일에는 '베타카로틴'이 많이 들어 있어요. 베타카로틴도 항산화 작용을 해서 세포와 조직이 손상되는 것을 막아 준답니다. 또 눈과 피부가 건강을 유지하도록 도와줘요. 이외에도 세포를 빨리 재생시켜 주고, 심장병과 암을 예방하고, 면역력을 높여요.

### 초록색 채소와 과일

　초록색 채소와 과일에는 시금치, 미나리, 완두콩, 키위, 매실 등이 있어요. 초록색이 진할수록 비타민, 무기질 등 영양소가 많이 들어 있어요. 특히 몸속 나트륨과 노폐물을 조절하는 포타슘이 풍부하답니다.

### 흰색 채소와 과일

　양파는 대표적인 흰색 채소이지요. 양파에는 '케르세틴'이라는 성분이 있어 세포를 보호해 준다고 해요. 케르세틴은 노화와 염증을 막고 신체를 건강하게 유지하는 성분이에요. 또 다른 흰색

채소인 무는 소화를 도와주고, 목이 아플 때도 낫게 하는 효과가 있어요. 흰색 과일인 배는 칼로리가 낮고, 변비 예방에 도움이 돼요.

### 보라색, 검은색 채소와 과일

보라색이나 검은색 채소에는 어떤 것이 있을까요? 가지, 검은콩, 포도, 블루베리 등이 있지요. 보라색 채소와 과일에 들어 있는 '안토시아닌' 성분이 항산화 작용을 해 우리 몸을 건강하게 만들어 준답니다. 또 시력을 좋게 해 준다고 하니 눈이 나빠질까 봐 걱정되는 친구들은 오늘부터 블루베리를 꾸준히 섭취해 보는 것은 어떨까요?

이름 **비타민**

 비타민 A
- 눈의 기능을 도와요.
- 달걀, 당근 등

 비타민 B
- 피로 해소를 도와요.
- 콩, 고기, 생선 등

 비타민 C
- 면역력을 높이고, 감기를 예방해요.
- 신선한 과일과 채소 등

 비타민 D
- 뼈와 이를 튼튼하게 해 줘요.
- 우유, 치즈, 버섯 등

 비타민 E
- 피부를 탄력 있게 해 줘요.
- 견과류, 올리브유 등

 비타민 K
- 상처의 피를 멈추게 해요.
- 녹색 채소, 토마토 등

# 7장

## 물, 왜 중요할까요?

## 물이 하는 일

우리가 지금까지 살펴본 5대 영양소 외에 한 가지 더 중요한 영양소가 있어요. 바로 '물'이에요. 사실 5대 영양소에 물을 더해서 '6대 영양소'라고 부르기도 해요. 그만큼 물도 우리 몸에 꼭 필요한 영양소라고 볼 수 있어요. 그럼 물은 어떤 일을 할까요?

"사람은 물만 마시고도 45일을 버틸 수 있어."

이런 말을 들어 본 적이 있나요? 음식을 먹지 않고 물만 마셔도 이렇게 오래 살 수 있다는데, 정말일까요? 상황이나 사람에 따라 다르겠지만 일반적으로는 45일 정도는 버틸 수 있다고 해요. 물은 그만큼 사람이 살아가는 데 필수적이랍니다. 이제 물이 하는 일을 좀 더 자세히 알아볼까요?

먼저 물은 우리 몸이 영양소를 잘 섭취할 수 있도록 도와줘요.

앞부분에서 다루었던 5대 영양소인 탄수화물, 단백질, 지방, 무기질, 비타민을 녹여 우리 몸에 잘 흡수되게 도와주는 것이죠.

물을 충분히 섭취해야 하루 세끼 동안 우리가 먹은 음식이 잘 분해되어 소화가 될 수 있어요. 소화가 잘 되어야 우리 몸에서 영양소가 필요한 곳에 잘 전달될 수 있죠. 물은 영양소뿐만 아니라 산소도 필요한 곳에 잘 전달해 줘요. 이렇게 물은 우리 몸의 필요한 곳곳에 영양소와 산소를 운반하고 공급해 주는 일을 해요.

또 물은 어떤 일을 할까요? 물은 우리 몸에 흡수되지 않고 남은 노폐물을 몸 밖으로 배출하는 일을 해요. 여러분이 알다시피 우리가 먹은 모든 음식이 영양소로 흡수되는 것은 아니에요. 우리가 음식을 먹으면 몸에서 필요한 영양소만 골라 흡수하고 남는 노폐물은 몸 밖으로 내보내야겠죠? 바로 똥과 오줌으로 내보내는 거예요. 그중 몸에 필요 없는 노폐물이 물과 함께 나오는 것이 오줌이죠.

물은 노폐물을 몸 밖으로 내보내는 일뿐만 아니라 몸 구석구석을 다니며 세균을 없애기도 해요. 또 혈액을 중성이나 알칼리성으로 유지시키는 일도 해요. 이외에도 우리 몸의 체온을 조절하는 일을 해요. 더워서 땀을 흘리게 되면 수분이 증발되면서 체온을 낮춰 주지요. 또 우리 몸의 관절, 조직들을 보호하는 역할도 해요. 이렇게 물은 우리 몸이 건강하고 활기차게 움직일 수 있도록 많은 일을 해요.

우리가 매일 마시는 물이 이렇게 중요한 일을 하고 있었다니, 놀랍지 않나요?

# 우리 몸에 물이 부족하면?

우리 몸의 70퍼센트는 물로 이루어져 있어요. 70퍼센트면 가만히 있어도 몸속에서 물이 출렁출렁할 것 같은데 그렇지 않잖아요. 이렇게 많은 물이 우리 몸 어디에 있고, 어디에 쓰이는지 궁금하지요?

우리 몸의 모든 세포에는 물이 포함되어 있어요. 그 양을 다 모으면 70퍼센트인 거예요. 운동을 할 때 뻘뻘 흘리는 땀, 화장실에서 누는 오줌, 슬픈 영화를 볼 때 흘리는 눈물, 매운 음식을 먹을 때 훌쩍이는 콧물, 코를 쑤시다가 나 버린 코피. 수많은 상황에서 우리 몸속에 들어 있던 물을 쓰는 것이죠.

이렇게 몸에 있던 물을 내보내면 우리는 목이 마르다고 느껴요. 우리 몸에 필요한 알맞은 물의 양이 있기 때문에 내보낸 만큼 물을 다시 채워야 하는 거죠.

그런데 물을 다시 채우지 않고 우리 몸에 물이 부족한 상황이 계속해서 이어지면 어떤 일이 일어날까요?

먼저 혈액 순환에 어려움이 생겨요. 혈액 순환은 피가 뇌부터 발끝까지 온몸을 돌아다니는 것을 말해요. 물은 혈액 순환에 큰 역할을 하는데, 물이 부족하면 혈액 순환이 잘 되지 않아 심장과 뇌에 좋지 않은 영향을 줄 수 있어요.

다음으로 노폐물을 배출하는 데 어려움이 생겨요. 물은 노폐물을 몸 밖으로 내보내는 일을 한다고 했죠? 물이 부족하면 노폐물을 잘 배출하지 못하기 때문에 쉽게 피로함을 느끼고 우리 몸의 면역력이 떨어질 수 있어요.

마지막으로 비만이 될 수 있어요. 물을 마시지 않는 것과 비만이 어떤 연관이 있냐고요? 우리 몸에 물이 부족하면 탈수 증상이 생겨요. 그런데 이 탈수 증상을 배고픔으로 착각할 수 있어요. 배고픔을 느껴 과식이나 폭식을 하면 살이 찌기 쉬워요.

혹시 물이 맛이 없다는 이유로, 또는 물을 뜨러 가기 귀찮다는 이유로 물을 자주 마시지 않는 친구가 있나요? 아니면 물을 자주 마셔야 한다는 것은 알지만 도대체 얼마나 마시는 것이 좋은

지 궁금한 친구가 있나요? 어떤 음식이든 과하거나 부족한 것은 몸에 좋지 않은 것처럼 물 또한 그래요. 물은 쉽게 생각해서 하루에 여섯 잔에서 여덟 잔을 마시는 게 좋아요. 학교에 텀블러를 들고 다니며 물을 마시나요? 텀블러로 두 번 정도 가득 담아 마시는 것과 비슷한 양이에요.

여름처럼 날이 덥거나 운동을 해서 땀을 많이 흘릴 때에는 평소보다 물을 더 마시는 게 좋아요. 땀을 흘려서 우리 몸에 있던 물을 그만큼 많이 써 버렸기 때문이죠.

여러분은 매일 물을 얼마나 마시고 있나요? 이미 충분히 잘 마시고 있는 친구도 있고, 한 잔도 잘 마시지 않는 친구도 있을 거예요. 부모님이 마시라고 잔소리를 해서 겨우 한두 잔 마시는 친구도 있겠죠. 물은 하루 여섯 잔에서 여덟 잔을 마셔야 해요! 이제 하루에 얼마나 마셔야 할지 알았으니 지금부터는 물 마시는 것을 잊지 않고 꼭 실천하기로 약속해요.

## 이렇게 물을 마시는 건 좋지 않아요

"저는 매일 물 대신 포도 주스를 마셔요."

주스도 물과 비슷하니 물 대신 마셔도 괜찮지 않을까 생각하거나 실제로 이렇게 행동하고 있는 친구가 있나요? 물 대신 음료수를 마시는 것은 좋지 않아요. 음료수나 주스에는 설탕이 많이 들어 있기 때문에 많은 양의 당을 섭취하게 돼요. 당을 많이 섭취하는 것은 앞에서도 말했지만 건강에 좋지 않아요. 또 음료수가 소변으로 나올 때는 우리 몸에 필요한 칼슘도 같이 몸 밖으로 나와요. 칼슘은 우리 몸에 필요한 영양소인데 몸에 흡수되지 않고 밖으로 나온다면 좋지 않겠죠? 그래서 설탕이 많이 든 음료수나 과일 주스보다는 물을 마시는 게 훨씬 건강하고 좋아요.

그럼 이온 음료는 괜찮을까요? 사실 이온 음료도 단맛과 향을

내기 위한 여러 가지 성분이 들어 있어요. 그래서 물 대신 이온 음료를 마시면 물과 함께 당분과 나트륨도 같이 섭취하게 되는 것이죠. 이온 음료는 운동을 할 때 잠시 당을 보충하는 정도로는 좋지만, 물 대신 자주 섭취하는 것은 좋은 방법이 아니에요.

"저는 목이 마를 때만 물을 마셔요."

여러분은 갈증이 느껴질 때만 물을 찾았던 적이 있나요? 이렇게 갈증이 느껴질 때만 물을 마시는 것은 좋지 않아요. 몸에 물이 매우 부족해지는 증상을 탈수 증상이라고 해요. 목이 마르다고 느껴지는 건 이미 탈수 증상이 나타난 거예요. 그래서 목이 마를 때만 잠깐 물을 마시는 정도로는 탈수 증상이 완전히 없어지지 않기 때문에 목이 마르기 전에 조금씩이라도 물을 자주 마시는 것이 좋답니다. 탈수 증상이 계속되면 면역력이 떨어져 피로감을 잘 느끼거나 비만이 될 수 있어요. 따라서 목이 마르기 전에 자주 충분한 물을 섭취해야 해요.

"저는 텀블러 한 통으로 물을 한꺼번에 많이 마셔요."

물을 많이 마시고 있지만, 한꺼번에 많은 양의 물을 마시는 것은 어떨까요? 이것 또한 우리 몸에 좋지 않아요. 너무 많은 양을 한꺼번에 마시면 오줌을 자주 누게 돼요. 그럼 오줌을 만들어 내는 신장이 갑자기 너무 많은 일을 해야 해서 힘들어할 수 있어요. 또 갑자기 혈압이 높아질 수 있고 어지러움을 느낄 수도 있어요. 그래서 한 번에 많은 양의 물을 마시기보다는 적당한 양의 물을 자주 마시는 것이 좋아요.

혹시 좋지 않은 습관으로 물을 마시고 있는 친구가 있다면 지금부터라도 올바른 방법으로 물을 마시는 습관을 가져 보세요.

## 물을 마시기 좋은 시간이 있다고요?

"저는 항상 아침에 일어나자마자 물 한 컵, 그리고 밤에 잠들기 직전에 물을 한 컵 마셔요."

아침에 일어나서 공복에 물을 마시는 건 정말 좋은 습관이에요. 하지만 잠들기 직전에 물을 마시는 건 별로 좋지 않아요. 잠을 자느라 몸속에 수분이 골고루 전달되기 어렵기 때문이죠. 또 밤에 푹 잠들지 못하고 오줌을 누고 싶어서 깰 수도 있어요.

여러분이 물을 마시기 좋은 시간을 기억하기 위한 좋은 규칙이 있어요. 바로 '321 규칙'이에요.

'321 규칙'은 먼저 밥 먹기 '30분 전'에 물을 마시는 거예요. 밥 먹기 30분 전에 물 한 컵을 마시면 물이

장속으로 충분히 공급되어서 우리가 음식을 먹고 난 후에 소화가 잘 될 수 있도록 도와요.

둘째, 밥 먹고 '2시간 후'에 물을 마시는 거예요. 음식을 먹으면 위에서 장으로 내려가는 데 걸리는 시간이 바로 두 시간이에요. 음식이 위에 있는 동안 물을 마시면 소화가 잘 안 될 수 있어요. 그래서 음식이 위를 지나 장에 도착하는 2시간을 기다리는 거예요. 이때 물 한 컵을 마시면 장에서 음식물이 잘 소화될 수 있도록 도움을 줘요.

셋째, 잠자기 '1시간 전'에 물을 마시는 거예요. 여러분은 아침에 일어났을 때 입안이 텁텁하거나, 오줌을 눌 때 오줌 색깔이 진한 노란색을 띤 적이 있나요? 이런 증상은 잠을 자는 동안 몸속에 수분이 부족했다는 것을 말해 줘요. 잠자기 직전에 물을 너무 많이 마시는 건 좋지 않지만, 잠자기 한 시간 전에는 물 한 컵을 마셔서 미리 수분을 공급해 주는 게 좋아요.

이름  **물**

하는 일
- 영양소 섭취를 도와요.
- 노폐물을 배출해요.
- 체온을 조절해요.

### 부족할 때
- 혈액 순환이 어려워요.
- 노폐물 배출이 어려워요.
- 탈수 증상이 생기고 배고픔을 느껴 폭식, 과식하기 쉬워요.

### 많을 때
- 소변을 자주 봐서 신장에 무리가 와요.
- 혈압이 높아지거나 어지러움을 느낄 수 있어요.

### 물 이렇게 마셔요!
- 목 마르기 전에 자주 충분한 양을 마셔요.
- 한꺼번에 너무 많이 마시지 않아요.
- 하루에 6~8잔 정도 마셔요.

# 8장

## 건강하고 슬기롭게 먹어요

## 비만이 무서워요

비만에 대해 들어 본 적이 있나요? 책이나 텔레비전에서, 또는 어른들이나 친구들이 비만에 대해 이야기하는 것을 종종 들어 본 적이 있을 거예요. 비만이 정확히 어떤 뜻인지 알고 있나요? 비만의 한자는 살찔 비(肥), 찰 만(滿), 즉 살이 많이 찐 상태를 뜻해요. 여기서 살이란 단순히 몸무게가 많이 나가는 것이 아니라, 몸 속에 지방이 너무 많은 상태를 말한답니다.

비만이 되는 이유는 여러 가지가 있는데, 다른 사람들에 비해 쉽게 살이 찌는 사람도 있고, 다른 병 때문에 비만이 되는 경우도 있어요. 그리고 식습관 때문에 비만이 되기도 한답니다.

우리가 음식을 많이 먹고 적게 움직이면 비만이 되기 쉬워요. 우리 몸이 움직이려면 에너지가 필요한데, 이 에너지를 얻기 위해 음식을 먹어야 해요. 음식을 많이 먹었는데 움직이지 않는다면 어떻게 될까요? 에너지로 다 쓰이지 않고 남은 건 지방으로 변해 우리 몸에 쌓인답니다. 또 당이나 지방이 너무 많이 든 음식을 먹었을 때도 마찬가지로 우리 몸에 지방이 쌓일 수 있어요.

비만이 되면 우리 몸은 병에 걸리기 쉬워요. 비만이 아닌 사람

에 비해 비만인 사람은 고혈압, 당뇨병, 심혈관 질환에 걸리기 쉬워요. 또 몸속 지방이 혈관 벽이나 장기에 붙어서 몸 여기저기에 병을 일으키기도 하지요.

성장기의 어린이가 비만이 되면 2차 성징이 빨리 온답니다. 2차 성징은 청소년이 되면서 몸에서 남자와 여자로 구분되는 변화가 나타나는 시기예요. 2차 성징이 빨리 오면 일찍 어른이 되어서 좋은 게 아니냐고요? 2차 성징이 끝나면 성장판이 닫혀서 키가 더 크지 않아요. 키가 쑥쑥 크고 싶은 친구들에게 2차 성징이 너무 빨리 오는 것은 좋지 않겠죠?

"비만이 무서워요. 앞으로는 밥을 조금만 먹어야겠어요."

혹시 이런 생각을 가진 친구가 있나요? 비만을 조심하는 것은 좋지만, 너무 적게 먹는 건 오히려 건강을 해칠 수 있어요. 우리가 살아가는 데 중요한 영양소를 충분히 얻지 못하기 때문이죠. 건강하게 세끼를 챙겨 먹고, 운동을 열심히 하는 것이 좋겠지요?

# 골고루 먹어요

"김치는 안 먹을래요."

"좋아하는 것만 먹지 말고 골고루 먹어야지."

맛있는 것만 골라서 먹고 싶은데 왜 어른들은 맛없는 음식도 골고루 먹으라고 하는 걸까요? 바로 영양소 때문이에요. 영양소는 각각 우리 몸에서 중요한 역할을 하고 있어요. 그런데 한 번에 이 모든 영양소들을 얻을 수 있는 음식이 있을까요? 그런 음식이 있다면 고민 없이 식사를 할 수 있을 텐데요. 하지만 아쉽게도 아직까지 그런 음식은 발견되지 않았답니다. 한 가지 음식에 여러 영양소가 함께 들어 있기는 하지만, 우리 몸에 필요한 모든 영양소가 충분히 들어 있지는 않아요.

그래서 우리는 다양한 음식을 골고루 먹어야 해요. 음식에 따라 들어 있는 영양소의 종류와 양이 모두 다르기 때문이지요. 예를 들어, 밥에는 탄수화물이 많이 들어 있고, 고기나 생선 같은 반찬에는 단백질과 지방이 풍부해요. 또 나물이나 김치 같은 반찬에는 무기질과 비타민이 많이 들어 있어요. 이 음식들을 골고루 먹어야 5대 영양소를 모두 얻을 수 있겠죠?

"그래도 당근은 안 먹을래요. 다른 채소를 먹으면 되잖아요."

다른 채소를 먹으면 되니 싫어하는 당근은 안 먹어도 되는 것 아니냐고요? 채소라고 모두 같은 영양소가 들어 있는 것은 아니에요. 채소나 과일마다 주로 들어 있는 비타민과 무기질의 종류가 달라요. 다른 음식들도 마찬가지이지요. 또 음식에는 5대 영양소뿐 아니라 우리 몸을 튼튼하게 해 주고 병을 막아 주는 여러 가지 물질들이 있어요. 이 물질들 역시 음식에 따라 들어 있는 양이 다르답니다.

싫어해서 먹지 않는 음식이 있었다면 오늘부터 조금씩 도전해 보세요. 영양소를 떠올리며 조금씩 먹다 보면 새로운 맛을 발견하게 될지도 몰라요.

무엇보다 아침을 챙겨 먹는 게 중요해요. 아침 식사에 들어 있는 탄수화물, 단백질, 지방을 통해 하루를 시작할 에너지를 얻을

수 있지요. 정말 많은 일을 하는 뇌에는 포도당이라는 성분이 필요한데, 밥이나 빵 등에 들어 있는 탄수화물을 통해 얻을 수 있어요. 또 아침밥을 먹으면 점심 식사 때 폭식을 하는 것을 막아 주어 비만 예방에도 도움이 된답니다.

반대로 아침밥을 먹지 않으면 하루 일과를 시작할 충분한 에너지를 얻을 수 없겠지요. 집중력이 떨어져서 공부를 하거나 일을 하기가 힘들 수 있어요. 또 충분한 영양을 섭취하지 못해서 면역력이 떨어지기도 한답니다. 특히 성장기인 어린이들이 아침밥을 먹지 않으면 성장이 늦어질 수도 있다고 해요.

## 식품 첨가물이 뭐예요?

바나나 맛 우유를 먹어 본 적이 있나요? 마트나 편의점에 가면 흰 우유 말고도 알록달록 색깔이 있는 우유들이 있지요. 바나나 맛이 나는 노란 우유도 있고, 딸기 맛이 나는 분홍색 우유도 있어요. 이 우유에는 바나나와 딸기가 얼마나 들어 있을까요? 놀랍게도 딸기 우유와 바나나 우유에는 바나나와 딸기가 거의 들어 있지 않답니다. 그러면 어떻게 과일 맛이 나느냐고요? 그 비밀은 바로 '식품 첨가물'에 있어요.

식품 첨가물은 음식의 색과 향, 맛을 좋게 하고 음식을 오랫동안 보관하기 위해서 음식에 넣는 물질이에요. 식품 첨가물에는 다양한 종류가 있어요. 빵이나 과자를 크게 부풀어 오르게 하는 것은 팽창제예요. 인공 색소는 음식의 색을 알록달록 보기 좋게 해

　주지요. 착향료는 음식 향을 더욱 좋게 만들어 줘요. 음식에 단맛이 필요할 때 넣는 첨가당이라는 것도 있어요. 음식이 상하지 않게 해 주는 산화 방지제도 있답니다.

　바나나 맛 우유에는 어떤 식품 첨가물이 들어 있을까요? 노란색을 내는 인공 색소가 들어 있지요. 또 바나나 향이 나는 착향료와 단맛을 내는 첨가당도 들어 있어요. 물론 바나나를 직접 갈아서 만든 바나나 우유도 있을 거예요. 하지만 유통 기한이 짧기 때문에 우리가 마트나 편의점에서 볼 수 있는 바나나 우유에는 바나나 대신 식품 첨가물이 들어 있는 경우가 많아요.

"이제 보니 식품 첨가물은 음식의 맛을 더 좋게 해 주고, 오래 보관할 수 있게 도와주는 고마운 존재네요. 모든 요리에 많이 사용하면 좋겠어요."

이렇게 말할 수도 있지만 식품 첨가물에도 단점이 있답니다. 안정성이 입증된 식품 첨가물을 넣었다고 하더라도 많이 먹으면 아토피 피부염이 생길 수 있어요. 아토피 피부염이 생기면 얼굴과 팔이 빨갛게 부어오르고 몹시 가려워지지요. 또 쉽게 살이 찔 수 있고 심한 경우 암에 걸릴 수도 있지요.

식품 첨가물이 들어간 음식은 안전하게 먹어야 한답니다. 하루에 두 가지 이상 먹지 않고, 지나치게 색깔이 알록달록한 음식은 피하는 것이 좋아요. 앞으로 간식을 먹을 때에는 식품 첨가물이 들어간 음식 대신 채소나 과일, 달걀과 같은 자연식품을 선택해 보는 건 어떨까요?

## 과자 봉지에 담긴 비밀

 과자를 고를 때 과자 포장지 뒤쪽을 확인해 본 적이 있나요? 과자 포장지 뒤쪽에는 작은 글씨로 많은 정보들이 적혀 있어요. 과자를 만들고 파는 회사, 과자에 들어간 재료, 유통 기한과 영양 성분 등이 적혀 있지요. 이렇게 가공식품(인공적으로 처리하여 만든 음식)에는 영양 성분과 음식에 대한 여러 가지 정보가 적혀 있답니다. 그중 영양 성분표에 대해 자세히 알아볼까요?

 영양 성분표에는 그 식품에 들어 있는 영양소의 종류와 양을 쉽게 알 수 있도록 아홉 가지 성분이 표시되어 있어요. 먼저, 음식의 총 열량, 즉 에너지의 양인 칼로리가 적혀 있고, 에너지를 내는 영양소인 탄수화물과 단백질, 지방이 얼마나 들어 있는지 적혀 있어요. 남은 다섯 가지는 당류, 포화 지방, 트랜스 지방, 콜레스테롤,

나트륨인데, 이 성분들은 너무 많이 먹으면 몸에 문제가 생길 수 있기 때문에 음식을 먹을 때 꼭 확인해 봐야 한답니다.

그중 당류는 사탕과 초콜릿, 주스 등에 많이 들어 있는데, 비만이나 당뇨 환자가 조심해야 해요. 또 포화 지방과 콜레스테롤은 지방의 종류인데, 피를 끈적하게 만들 수 있어요. 트랜스 지방은 우리 몸의 세포를 딱딱하게 만들 수 있고 나양한 질병을 일으킬 수 있어요. 나트륨은 소금에 많이 들어 있는 영양소인데, 혈관을 좁게 만들어서 짠 음식은 고혈압 환자에게 위험할 수 있어요.

　영양 성분표를 볼 때에는 가장 먼저 1회 제공량과 총 제공량을 살펴봐야 해요. 1회 제공량은 한 번 먹을 때의 양이고, 총 제공량은 그 음식을 다 먹었을 때의 양이에요. 그다음으로 내가 먹을 양을 확인해야 해요. 1회 제공량을 기준으로 몇 회 정도의 양을 먹을 것인지를 확인하는 것이지요. 그다음으로 칼로리와 영양소가 각각 얼마나 들어 있는지를 확인해요. 그러면 이 음식에 어떤 영양소가 얼마나 들어 있는지를 알 수 있어요. 또 어떤 포장지에는 아홉 가지 성분 외에도 칼륨이나 식이 섬유 등 더 많은 영양소 정보가 적혀 있으니 꼼꼼히 읽어 보도록 해요.

　음식에 따라 영양소의 종류와 양이 모두 달라요. 또 사람에 따라 필요한 영양소와 조심해야 하는 영양소가 다르지요. 그래서 우리는 영양 성분을 꼭 확인하고 음식을 먹어야 한답니다.